episode zero
True history
Laputa edition
Kazutada Takeuchi

カバーデザイン　森　瑞（4Tune Box）
校正　麦秋アートセンター
本文仮名書体　文麗仮名（キャップス）

はじめに

「波動の遺跡・押戸石山との出会い」

それは昭和63年秋、ＮＨＫのある番組で見た「日本の古代ピラミッド」という私にとっては衝撃的なワンシーンからだった。

私は子供の頃から「世界の七不思議」や「謎の巨石文明」とかスイスの作家エーリッヒ・フォン・デニケンの「地球のオーパーツは宇宙人の残した遺産」などの書物を読み漁っていたし、特にエジプトのピラミッドの不思議さには興味以上のものを持っていた。そのピラミッドが日本に、ましてやこの阿蘇の地にそれが存在するという。私は居ても立ってもいられずにすぐにその押戸石山という謎の巨石群を探しに行くことにした。

そこは、阿蘇郡南小国町の押戸石山《おしといし》にある巨石群で、当時南小国町教育委員会におられた宗像清博氏が子供の頃から不思議に思い永年調査観察をしていたことを、ＮＨＫの番組の中でも紹介されていた。私は日本のピラミッドのことを明治のころから主張されていた神学者酒井勝軍《かつとき》氏の「魅惑の国日本」を思い出した。その中に、元々ピラミッドの語源は「日来御殿」から来ているということや神奈備型の山はその祭祀の山であり、その頂上の磐座《いわくら》がいわゆるピラミッド（日来御殿）である、とあった。

その定義は頂上に太陽石を置き周囲に方位石やストーンサークルや列石が並び鏡石があり、さらに階段状の列石を備えていることと、この五つの定義を満たすものが古代の日本のピラミッドであるということを述べられていた。

阿蘇南小国のその押戸石山遺跡は、当時山深く林道を何度も曲がるためにその日はとうとう探し当てることができなかったばかりか、子供を連れていたものでその子供が車酔いをしてしまう羽目になった。

そして、その介抱中に上着のポケットからカードなどが入った名刺入れを落としてしまっていた。しかし、その名刺入れに入っているカードの磁気が何かの波動を呼び覚ましたかのように、その後の状況が大きく変化することになった。

次の日、小国町警察署から私の職場に電話があり、山の中で私の名刺が入ったカード入れが拾われて届けが出ているので受け取りに来てもらえますかという。拾われた方は小国の林業関係の方だということだった。私は次の日に受け取りに行くと返事をする。

そしてその当日小国署にでかけるとそこで偶然、知り合いの刑事さんに出会った。刑事さんは私に「お茶でもいかがかな」と言って私を二階に案内した、「ところで何でこんなとこまで来たんね」と聞かれた。周囲の警察の方々は机に向かって事務をされているので、まさか「日本のピラミッドを探しに来た」などの世迷言《よまいごと》は流石《さすが》に言いにくかったのだが、本当のことだからそう言ってしまった。

すると、その隣にいた老刑事の方が突然、「これだろ」と言ってA3くらいの航空写真を出された。そこには、押戸石山の頂上の列石群が写されていた。私はびっくりして「それはどうしたのですか？」と尋ねると、その刑事さんは押戸石山遺跡の発見者の宗像清博氏と小学校からの同級生で、彼が昔からそのようなこと言っていてＮＨＫに出たので写真を撮ってきたという。

窓から表を見ると小国署にはヘリコプターがあった。老刑事さんはその友人の宗像氏にその場で電話をし、私を紹介し次の土曜日に遺跡への案内の約束を取り付けて下さった。

私は家に帰り、老刑事さんから頂いた航空写真を眺めていてあることに気づいた。

それは押戸石山の列石が頂上石を頂点に一定の方向に並んでいるということ、その中心を通る直線はひょっとして夏至線ではないか、それが古代夏至線の東西迎角30度を指していないかということが気になった。

つぎの土曜日に宗像氏のいる教育委員会に出かけ、氏と会ってご挨拶を交わし古代話に花を咲かせている中で、あのことを聞いてみた。押戸石山の遺跡が私には夏至線上に並んでいるように見えるので方位がわかるものがあるといいですけどねと尋ねると、宗像氏は即座に奥からまた別の航空写真を出してこられた。それは当時の農林省の航空写真で、林業用農薬散布計画のため基点とする押戸石山の頂上付近に白い十字の東西南北の方位を示す＋印をいれてあった。

何と言うことだろう、私がピラミッドの報道を見てからまだ何日もたたないうちにその発見者本人にも会えるし欲しい情報がすべて手に入る。あの南小国の林間でカードを落としたことは、巨石というＡＴＭ機にカードを差し込み、正に暗証番号を打ち込んだということだったのだろうか。

いよいよ宗像氏の案内で押戸石山に出かけることになった。

私たちは車で森を抜け、草原を走りその山の頂上が見えてくるころから期待で落ち着かないものを感じていて、頂上間近まできてその頂上石が黒々と輝いて見える辺りではもう鳥肌が立ちかなりの興奮状態にあることがわかった。

遺跡に上がるまでは、車を止めて10分ほど丘を登って行くのだが、途中から阿蘇の五岳や九重岳、遠くに祖母山、鞍岳、中津江の連山、小国富士といわれる涌蓋山《わいたざん》（標高１５０

０ｍ）など３６０度の展望が広がる。人工の構造物などまるでない、大草原のまさに天空の別世界が広がる。がしかしその目の前に異様を誇る押戸石の列石群が突然として現れた。

宗像氏は、頂上石は阿蘇中岳の噴火口に向いていること、頂上石の西方に位置する鋏石と鏡石、その鋏石は東側の15ｍほどのストーンサークルの一部であること、鏡石のさらに西方には段々に並べた階段上の列石があること。また、サークルの中の一枚の立石の面には親指大の掘り込みで古代文字の牡牛神アルダと蛇神ジャスラのペトログリフがあることを話された。

私はペトログリフという言葉を聞いてまたまた驚きを隠せなかった。

それは、昭和37年、私が中学生の頃、熊本大学医学部病理学教授であった父がＮＩＨ（米国厚生省医学研究所）に留学中、私に送ってきた一冊の書が「Navajo Wildlands "as long as the river shall run"」という写真集で、コロラドのグランドキャニオンのメサや洞穴をスピリチュアルに撮ってあり、アーチ型の風穴の橋の下から星が見えるものや、細長い3本のメサがネイティブアメリカン達にとって女神の3姉妹の岩であることなどをキャプションで紹介している写真集だった。

その中に数点岩肌に描かれた蛇の絵や笛を吹く妖精ココペリ、鹿や鹿を追う人、何重かの円文や半円文などの写真があり、それらをpetroglyph（ペトログリフ）と紹介していた。

まさかこの日本でペトログリフという言葉を耳にするとは思っても居なかった。この時より私はこれまでの巨石文化研究にペトログリフという新しい概念を取り込むことにより新境地を開くこととなった。それは、まさに押戸石のメンヒルに刻まれた数個の古代文字を通して時空を超古代へと転換してしまったかのように。

そしてまた、私はイギリスのストーンサークルなどの巨石文化がある一定の線上に並んでいることを知っていた。それは、ソールズベリーやアヴェベリー、グラスタンベリーなど地名の最後にLeyやReyなどがつくことから「レイライン」と言われているのだが、数キロから何十キロも離れている延長線上に規則正しく遺跡が並んでいるのだ。

このことから私はこの押戸石の夏至線上にも別の遺跡があるのではないかという漠然とした勘のようなものではあったが、一つの仮説を立ててみた。そしてそれが新たに拝石山遺跡発見とそれらの磐座に潜む磁気異常の発見に繋がっていくのだ。それがこの後日本の奥底に眠っていた真実の古代歴史を暴くだけではなく、一度崩壊した地球文明が、海洋民族ラピュタによって開化し、シュメール文明となる。そして今は宇宙の神の座にまで届きそうなこの文明が、これから来る地球温暖化というまだ誰も経験したことのない地球異変によって崩壊しようとしている。この再度の滅亡へのシナリオを私に見せつけることになろうとは、まだこの時は考えてもいなかった。

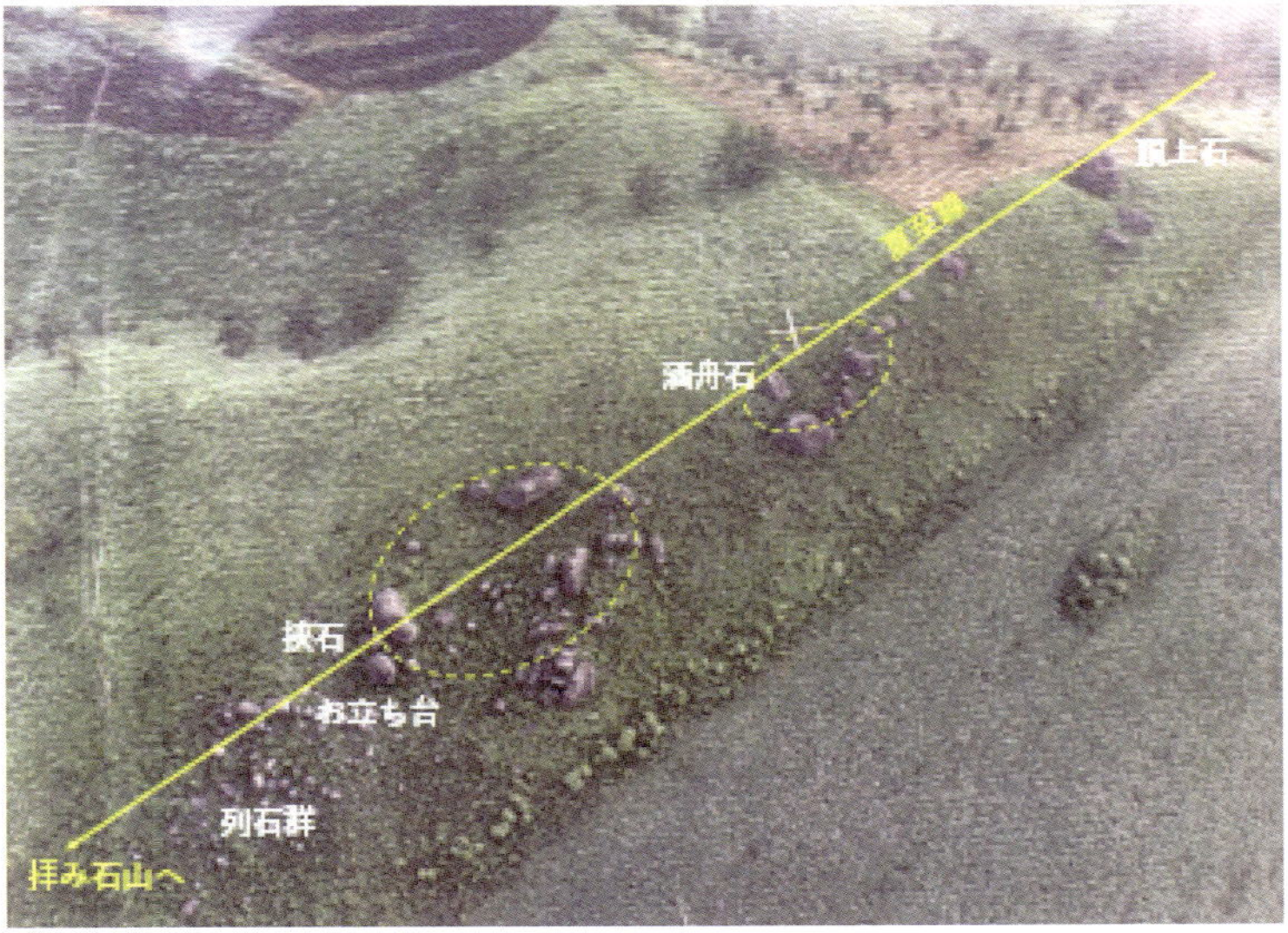

押戸石山遺跡の夏至線

目次

はじめに
「波動の遺跡・押戸石山との出会い」 3

序章　縄文人の感性は「神の存在」そのもの

地球温暖化の異変による文明の芽生えと縄文中期の日本 27
アムール河はラピュタの源郷 31
ラピュタが残した最大の功績 33
シュメール文明の始まりと謎の海洋民族 34
ディルムンの秘められた謎 39
海洋民族ラピュタがアメリカに100足の草鞋を残す!? 43

ラピュタが土器に水を入れて世界に配っていく…… 50
ラピュタの残像とは、
ナーガの力であるうねりや渦巻き形状のことである！ 54

第一章

世界に君臨する宇宙最高神「アン」とバビロニアによって書き直されたシュメールの歴史の足跡

シュメールの神々アヌンナキ、
天神アン〔60〕神を中心とする一族について 58
「米」のマークで現わされる天神アンと赤米とユニオンジャック（米）
そして「米国」の呼び名の関連について 60
天神アンの妃、大地母神キ（アンツ）は
地球ガイアを象徴する女神であり、蛇神の紋様で描かれる！ 63
マガタ紋⧖で記されるアンとキの長男、風神エンリルは
洪水を起こした張本人であり、五十《イセ》（伊勢）ともつながる！ 66

ヒッタイトやアーリアで主神の座、月神ナンナル（シン）は、
日本では牛頭大王＝スサノオとされている！ 67
シュメールの太陽神には夜のウトゥと昼のシャマシュと二通りある！ 68
ライオンがシンボル、金星の女神イナンナは、
アッカドではイシュタル神、日本では弁天様と呼ばれた！ 72
B.C. とA.D.「紀元の起源」！
A.D. は「天神アンの明日」の意味だった!? 77
天神アンを祈るから「イラン」、
天神アンの妃である女神キを祈るから「イラク」！ 78
シュメール古拙文字はこうして日本だけに残った 81
アルファベットA・Bの起源は、
聖牛アルパ神と神の住む家ベートから発生している!? 82
その他の古拙文字の成り立ち 84
「神ド」△ 84
「E・エ」 84
「ヘガラム神・技術神」 85

「H・塀」 85
「蛇の神・ノ・ジャスラ」 86
「K・キ」 86
「Y・ヤ」 87
「M・Ψ文字」 87
「⊕・卍・S・スワスティカ」 88
「T・十・奉る」 89

第二章　先史ヨーロッパ森の民の先ケルトになぜピラミッドが見当たらないのか⁉

森の神フンババ、森の民先ケルト、フェニキア、ドルイドの融合により森の文化と巨石文化が起こされていた…… 94
ストーンサークル、メンヒル、オールターストーンなど、先ケルトによる巨石文化の用途とは?! 98

円形か⁉　方形か⁉
巨石構造物は神々の座（北極星）と関係していた⁉　99
大地母神と宇宙神太陽の結婚による生命創造の象徴か⁉
ストーンサークル巨石文化の謎に迫る⁉　101
アイルランドケルトのシンボルマーク三連の渦と円形巨石文化のマウンド　102
妖精の棲家⁉　謎の北欧ドルメンとフンネルビーカーピープル　104
一年を四つに括る森の民ケルトの四大祭り、
バルティナ祭、ルナサ祭、サーウィン祭、インボルグ祭　105
バルティナ祭（Beltine）　106
ルナサ祭（Lughnasadh）　110
サーウィン祭（Samhain）　111
インボルグ祭（Imbolgh）　113
日本に残るケルト的習慣と伝承、世界に散ったケルトの足跡について　114
ケルトの神への信仰　114
ダグザ神（Dagda）　116

地中海に移った石工のケルトは、秘密組織化した一方で、
宇宙神ベルのマークを自らの証として刻んでいった…… 121
フェニキア人の知恵 123
ソロモン王の知恵 125
ソロモンの七枝樹 127
ソロモン王に献上されたケルトの相撲と日本の相撲 129
9・11テロとバビロン捕囚の悪夢 132
ケルトのオーガム文字Ogamが熊本に！ 134
坂田少名彦神社のオーガム文字解析 136

第三章　九州阿蘇を中心とする巨石文化とペトログリフ

巨石により気づかされた洞察の数々は、真実の歴史への道標となる⁉ 140
押戸石山遺跡は、超古代巨石文化の夜明けを告げる重要遺物‼ 141
大地に安寧を願った太陽石 143

押戸石山の酒舟石は明日香岡本宮の原型　144
シャーマンの鏡石と陽石　146
村の名前の由来　148
ムー文明の残照とギルガメッシュの洪水伝説　150
拝石山遺跡は、プレアデス星への誘いだった⁉　152
拝石山巨石の謎の配列　154
謎の頂上石！　155
ラピュタはプレアデス星人と遭っていた！　156
供物台と弘法大師の草履跡　157
今は亡き亀石　158
鏡石　160
拝石山拝殿の磁気異状　160
子供の目は神の目　161
宇宙のフロッピー　165
千金甲《せごんこう》古墳と釜尾古墳の双子の神々　167
拝石山古代巨石文化の息吹　168

西原村山の神ペトログリフサイト　171
揺ケ池《ゆるぎがいけ》神社　172
弁財天様　173
弁財天に奉納されたガラム神　175
塩井神社にはソロモンの民が奉納した磐座が……　178
消された碑文石　178
船石　179
ジャスラ石　180
雨乞い石　180
山の神はコダマの住む森　182
山の神祭祀場にスコットランドのカップアンドリング　185
北極星を狙うヒールストーン　186
亀石　186
碑文石　187
子午線上に帆船と上弦の月の線刻岩　188
キド石遺跡の船石が示すものは、ラピュタの火伏せの祈りである⁉　189

古代ケルト系海洋民族とシュメール系海洋民族の村　191
古代海洋民族の居城・天草　193
姫石神社の女神神話　194
矢岳の巨大ドルメン　195
堺石　199
天草城河原の鬼の碁盤石　202
地中海系の古拙文字で読めるペトログリフ　203
謎の円形石積み　206
阿蘇南郷谷・清栄山の聖牛アルパ　207
牛神アルパの山　210
波動を操るペトログリフ　212
北緯32度の東西線上に並ぶエルサレムへの祈り場　214
モーセの一族もやって来た⁉　ユダヤ伝承のお宮・幣立神宮　217
ソロモンとフェニキアの王ヒラムの民が遡上した緑川　219
緑川流域はケルトの石工「メーソン」の村々！
祀りの印盃状穴があった⁉　221

シュメールで謎の海洋民族ディルムン、マカン海人族と融合したラピュタは、日本の緑川の地に祭祀様式の盃状穴を刻み残していった!? 223
縄文製塩場も発見!! 通詞島はフェニキアの海都ツールである!? 228
通詞島は古代文化村 229
熊本南部人吉に天神族の足跡 229
相良村雨宮神社 229
人吉に残るダリウスの紋章・十六花弁の菊の文様 233
地中海シシリー島の横穴遺跡の不思議 236
菊池川源流にソロモンの名がつく智者ケ嶺 237
ケルトのオーガム文字との関係も!? 有泉・太神社の蝙蝠の羽根を持つドラゴン 238
旭志村《きょくしむら》はアブラハムの子イサクの村、ソロモン由来の地ともなっている!? 240
ギルガメッシュの王の重要な護符の図柄「七枝樹」がなぜ高千穂の嶺にあるのか!? 244
日本におけるシュメールの神の生誕の地 244
古代日本における巨石文化の衰退・磐座祭祀の終焉 246
日向にさざれ石で封印された珠を抱いた龍神を発見!! 251

大御神社は日本一のさざれ石を祀る宮　251
さざれ石に岩上祭祀跡　252
封印されていた龍神の珠　253
立ち昇る白龍　253
米の山は知っていた　256
縄文の杜での祈り　258
クマソからヘブライ王朝へ　259
日向に向かう龍神の親子　261
歴史は宇佐神宮の奥の院・安心院米神山からシュメールの米神、天神アンへと遡る!?　262
宇佐神宮　262
御許山とその御神体山　264
シュメールの米神　265
安心院・米神山《こめかみやま》巨石群　269

第四章　謎のレイライン

英国の驚くべき3つのレイラインは、
大宇宙へと反転する可能性も秘めている⁉　274
日本のレイライン
奈良明日香の三山が作る二等辺三角形は夏至線上にある！　276
古代日本の首都平安宮に秘められたダヴィンチニードを超える謎とは⁉　277
阿蘇のレイラインから世界へ　281

最終章　謎の海洋民族ラピュタが超古代に風穴を開ける⁉

シュメール文明の担い手だった謎の海洋民族ディルムンは
太陽が昇る東の果て日本を指し示している⁉　288

先祖はムー！　海の新モンゴロイドが
謎の海洋民族ラピュタとなっていく過程とは⁉　291
世界に縄文曽《そ》畑《ばた》式《しき》土器を拡げた謎の海洋民族フンネルビーカー族こそが、
海の新モンゴロイドすなわちラピュタそのものだったのだ⁉　293
地球安寧の願いを込めたモノリスが大阿蘇・押戸石山に　299
あとがき　305
参考文献　310

序章

縄文人の感性は「神の存在」そのもの

私達が古代を語るのに、往々にして科学による鑑定を古代の姿として語ることが多い。だが、その実生活を有機的に語っているものは皆無と言っていい。古代、縄文人の生活は、何を糧《かて》にして、何を守って、何がその生きる原動力となっていたのか。縄文人は獣ではないはずであり、家族を守って社会を形成していたが、それだけなら狼でも立派な社会を持っている。

しかし、人間は、人間にしかない美的感覚とか大いなる宇宙や大自然の驚異に対する畏敬の念を持っている。さらに人は、何らかの規律やルールとともに親から子へ伝える人生観をもって暮らしていたはずである。でなければ村や国や民族が発生するはずがないのだ。

古代人の暮らしを考えてみよう。生活には基盤となる水や塩が必要不可欠である。水の湧く森へは川から続く沢を登り源流を求める。一方、河口には船着場があって物々交換の場があり、やはり水の湧く井戸があったはずだ。

古代を体感するのに最も大切なことは、自然のビジュアル、例えば星が見える高台に聖所を置き、そこから形の良い山のピークが見えるとか、平野をうねって流れる川の先に夕日が沈むのが望めるなどである。そういう場所が古代の天然のプラネタリウムになっていることが多く、日々自然の恵みに感謝し、明日の豊穣を願った古代人のアニミズム的場がそこに見られるのである。最も簡単な古代感性体感を行ってみよう。

それは、形の良い山の頂に登ってみることだ。俗に言う「神奈備型」の山だが、これは大地の蛇のとぐろを表すといわれている山で、円錐形をしたピラミッドみたいな形の山のこと。このような山は四方の見通しがよく、裾野を流れる川などをよく展望できる。

その頂の磐座に座って西の入日を望むと、やがて陽は沈み、森の間を割って流れる川は、夕日を受けさながら大地を這う大蛇の銀鱗のごとく輝く。周囲は森の漆黒があるだけだ。夕闇が辺りを覆う頃には、西の空に一番星の金星がキラキラと輝いているはずである。古代の夜に光を放つものはかがり火か炊事の火の明かりしかない。車のヘッドライトや商店のネオンサイン、ましてやパチンコ店のサーチライトなどあるはずがない。山の上から下界を眺めると一切の明かりは見えなくなるのだ。私の住む熊本には、まだそういう環境の山が近くに多く残っている。

陽が落ち、暗闇が訪れると、空には満天の星々の天体ショーが始まる。今日のようにスモッグなどがない地球の空気は、あくまで澄んで気持ちよく夜空を見通せたことだろう。流星は飛びかい、ほうき星や星雲までが見られた。古代人の彼らは、視力が5や6度である。土星の輪が何本あるかそれさえ見えていたことがシュメールの粘土版に残っている。また、赤や青、黄色、ピンクの星たちが一晩中輝き、飽くことのない天体ショーが繰り広げられているのを眺めていたことだろう。

ある時、空が一転暗黒の雲に覆われ、稲妻は空を走り轟音と共に火柱となって大樹をなぎ倒し、暴風雨がこの一帯を襲う。川は濁流となり森の木々を飲み込み、川の曲がり際は山肌を削り取って山崩れを起こしている。その有様は、まさに空に火を吐く竜が走り、大地は大蛇がのたうち暴れ、山々を壊し、野の一切のものを飲み込んでしまう。さしずめ天空の神と大地の神の怒りに触れ天罰を受けたと、アニミズムの中に暮らす古代人は考えたことであろう。このように一瞬にして世界を変えてしまう自然の驚異に恐れおののく古代人の姿が手に取るようにわかるのだ。

洪水が過ぎた後には、肥沃な大地が現われ豊穣な農地を残し新しい命の芽吹きを約束してくれる。大地の蛇を母神と考えた古代人の感性がここにあった。そして、天空の怒りにも思える雷鳴はさしずめ天神の怒りとも取れたのであろう。その龍神の座を宇宙の中心にある北極星ツワンに置き、その星座を龍座と考えたのもやはり古代人の感性であった。彼らは二度とこのような天災に見舞われないようにと、天空の龍の住む山の頂上や大地の蛇神の住む泉などに磐座を築き供物《くもつ》を捧げて安寧《あんねい》を祈願した。ここに古代人のアニミズムの原点を見ることができる。

今日では、雑多な光が満ち溢れ、森の代わりに家々が立ち並び、星を見て涙するような場所へはもうなかなか行くことはできなくなってしまった。

地球温暖化の異変による文明の芽生えと縄文中期の日本

日本の縄文中期、約6000年前、世界にはまだ四大文明の姿はなく、地球上では全域に覆うような災害異変が起きていた。

それは、おそらくは磁気転換、いわゆるポールシフトのようなものではなかったろうか。また温暖化の収束によるとてつもない異常気象の影響か、この時代最も住みよい北緯30度台の地域が、一気に砂漠化して行った。それを安田嘉憲博士は南西モンスーンの転換によるもの、つまり夏に乾期が起こり、冬に湿潤な気候となることを、メソポタミヤの照葉樹の花粉の化石の分布で突き止めた。それは平地の砂漠化を意味していた。そのため、サバンナ地帯に住む農耕民たちは、水を求めて大きな河の河口へと集まり始めた。突然として、その大河の河口周辺に文明が芽生え、都市国家が次々と出来始める。

ナイル河にナイル文明、メソポタミアのチグリス、ユーフラテス河にシュメール文明、インダス河にインダス文明、黄河に黄河文明という河の名前が付いた文明が起きた。これらの文明は文明の創成期にあるような徐々に発展を積み上げたものではなく、突然に巨大な神殿や城郭を持つ都市国家の出現であった。人々が水を求めて大河に寄り付いたことは、水を万遍に分け与える水の神エアの姿の粘土板が数多くシュメールのレリーフとして見つかることでも窺える。

日本もその北緯30度の住みよい地域の帯の中にあるのだが、日本はこの一万年の中でも最も裕福な森の文化をもつ縄文中期の照葉樹林文化を育んでいた。それと、ウルム氷期の崩壊後、地球では1万3000年来、最も気温の高い縄文大海進の時代を迎えていた。ただ、西日本では、7000年前に九州南方で喜界島の火山の大爆発があり、30年間降灰が続き、喜界島トラフという地層を形成した。現在、このトラフの上か下で7000年を境にする年代の特定が出来るタイムカプセル的様相を持つ地層となっている。

その異変のために九州や西日本は人口が激減し、一次的に暮らせない時代があったが、森は50年もすると元に戻り、岩清水はあちこちから湧き出し、沢は滝となり、木々に鳥たちは飛び交う花鳥風月の世界がそこに現われていた。

そこに、南方より黒潮に乗った海洋民族が寄り付き始め、次から次とたどり着くボートピープル達はスポンジのようにそこの土地に吸収されていったのである。

古代の仕事には、人手は必要不可欠だった。狩をするにも、焼畑農業をするにも、道路

九州の半分が被害を受けた鬼界島の爆発イメージ

シベリア黒曜石

6500年前西原村のヒスイ玉

や運河を作るにも人手が要った。そこに辿り着くボートピープルは、この上ない有難い人力で、また、新しい文化と衣を持ち来るまさに「マレビト」として、大事に迎えられた。そして、船から下りたら混血せよ、植林せよという「ノア」の教えを実践していったのだろう。ここに6000年前頃から西日本に新モンゴロイドの入れ替えが始まる要因があった。

この温暖化の時代は、東北地方や北海道が最も暮らしやすい気候になっていた。三内丸山遺跡や野中堂遺跡、万座遺跡など大規模な縄文集落の遺跡が青森や秋田から出土するのはこのためであった。それらより少し先行する縄文早期の遺跡は鹿児島の上野原遺跡が9500年前の集落で、かなり高度な土器と文様を持ち、どんぐりのクッキーや膠《にかわ》などが同時に出土し、連穴炉では燻製が作られ保存食の存在なども確認されている。

熊本県阿蘇郡西原村の塩井神社の湧水池の中から出土したヒスイの玉（10㎝）に8㎜ほどの穴が開けられていて、C14年代測定法で6500年前のものとわかった。また、近隣の大津町には8500年前の三連のストーンサークルが発掘されている。

他に西原村の縄文遺跡からは多くの黒曜石が見られるが、大きく分けて3種類の黒曜石に分類される。1類は佐賀背振山のもの、2類は大分県国東半島の姫島のもの、この両者は、黒曜石といっても色はやや浅く、姫島のものなどは薄いエメラルド色の半透明のものである。真っ黒な黒曜石はシベリア産の黒曜石が主であった。これらは、阿蘇の各地で出土するし、上野原遺跡でも見つかっている。1万年ほども前から、サヌカイトの交易があったということは、当然海洋民族ラピュタの介在がそこにあったということの証でもある。

アムール河はラピュタの源郷

8000年前の頃から現在の気温を少しずつ上回り、縄文中期の温暖化へと突き進んでいった。

北極の氷はすでに解けていて、大陸の氷河も崩壊の時期に来ていたことだろう。縄文の海洋民は、当時の樹木の大きさを考えると、相当な大きさの丸木船を建造できたことが想像できる。そして、ヨーロッパ森の民先史ケルトの造船技術を見てみると、丸木舟に縁板をつけ波除けを考案していた。鉱物や荷物を多く積める工夫がすでになされ始めていたことが窺える。6000年前、温暖化により住みよい環境の地域へと転換していたシベリアへ、そのような海のモンゴロイド・ラピュタ達は、間宮海峡を越えてアムール河へと入り、そこを遡上しハルピン、満州里《まんしゅうり》、そしてバイカル湖に達し、イルクーツクから、次の河、レナ川やエニセイ川へと入って行ったのであろう。

シベリアの中原のバイカル湖周辺は、金やスズ、ダイヤモンドや岩塩の大産地あり、天然素掘りで金などが採れた。また、黒曜石の世界的産地でもあった。アムール川を黒龍江というように黒曜石の流通の道でもあったのだ。アムール川の支流は広く大陸を南下しチチハル、ハルピンを過ぎ北朝鮮北方の長白山脈の北方にまで下っていた。

旧日本帝国が大陸に満州国を建国し南満州鉄道建設に心血を注いだのも、6000年前に満州里まで達するアムール川川筋文化の記憶を日本人の血の中に感じたからであろう。当時満州を建国する中心となる満鉄の総裁達、鮎川義介、松岡洋右（旧帝国外務大臣）、岸信介（元総理大臣）らの下で清廉な志を持って建国に情熱を注ぎ大陸の荒野を駆け回った園田直（元農林大臣）、星子敏雄（元熊本市長）。かれらは、いずれも文官の士であった。

縄文中期の日本人は、ワールドワイドに舟に乗り、北航路を開発していた。また、川筋文化の起源ともなるサヌカイト・岩塩などの採掘、天然素掘りの金鉱などを目指し、多くの人々が交流をしていたと思われる。青森の三内丸山遺跡は、まさにそのウォーターフロントであったのだろう。縄文中期の日本は、その海洋民族の活躍により安定した暮らしと高度な森の文明の下に豊かな精神文化を育んでいた。

このアムール川は、黒龍江《こくりゅうこう》とも言うが、「アムール」「黒龍」どちらも北極星龍座のα

星である天神アンを指している。天神アンの名を持つこの川の交流は、シュメール文明が芽生え栄華を誇るBC2800年頃までは続いたと考えられるが、その頃には地球の温暖化は終息していて、シベリアの平原は凍土と変わり北海は氷に閉ざされてしまっていた。

しかし、アムールの源流となるバイカル湖周辺には、約2万5000年前のマンモスの骨で作られた渦巻きと蛇の紋様による祭器の出土がある。縄文文化起源となるようなレリーフが、まだ氷河期真っ只中のシベリアに残されていたことは興味深い。

ラピュタが残した最大の功績

この縄文中期の地球変動の中で、最も重要なことが起きていた。

それは、温暖化の終息により北海が氷に閉ざされ、北欧からユーラシア大陸内部まで侵入していたラピュタの北航路が途絶えたことだ。それによりラピュタたちは大陸内部の先ケルトと融合していく。そして、ラピュタはフンネルビーカー土器を焼く高温の炉の技術を教えたと考える。それは、ミネラルの多いアナトリアの陶土にある変化をもたらしたのだ。1300度を過ぎると金属が融解し始めた。金属文明の始まりである。

先ケルト達は温暖化によって南下していたウバイド族に金属の道具を提供すると、一気に灌漑工事や農地の整備が進み、メソポタミアに広大な麦畑を広げていく。これが都市国家の発生の起因となって、またそれを害獣などから農民を守る王家の発生にもなっていった。シュメール王朝の始まりでもあった。ラピュタが偶然にも教えてしまった縄文曽畑式土器の炉が冶金《やきん》文化を生み、はたまた農業を基盤とする王朝制度まで興してしまった。その文明をスメルという名前まで残していた。

シュメール文明の始まりと謎の海洋民族

地球温暖化の終息により、それまでエデンの園であったシベリア平原の民は、徐々に南下をし、黒海周辺を経てアルメニア高地で文明の集積があったと考えられる。そして、気候の低温安定期となるＢＣ４０００年頃にチグリス川上流からメソポタミア平原へと民族の移入が始まり、先住の農耕の民ウバイド族と融合しながら新たな文明を構築していった。

そのシュメール文明は四大文明の中でも、いち早く成熟期を迎えている。この文明は、永い時間をかけて積み上げられた文明ではなく、５５００年前に突然として現われた文明で、高い城壁に囲まれた神殿や広場を中心とした住宅、日干し煉瓦で舗装された道路、運河へと続く上下水道が完備された都市国家であった。周囲は運河が張り巡らされ水上交通が足となっていた。

都市の中心には、その主神を祀る神殿ジッグラトが築かれた。シュメール文明の後期第三ウル王朝期にたてられるものが最大級のジッグラトで、エジプトのピラミッドに似た建造物だが、エジプトのピラミッドは王家の墓として築かれたもので、シュメールでは神殿として築かれ、そこで重要な祭祀が執り行われた。

また、ジッグラトは階段式ピラミッドというように段々の階がありその中心に南より北へ登っていく階段が取り付けられていた。ジッグラトにシュメール語で「エテ・メンアンキ」といい、「天地の基礎の家」と訳されているが、天神アンと大地女神キが大歳の正月を祝い、彼岸の7日間を共に過ごす「神の家」（エアンナ）という大事な神殿であった。

王の宮殿は、いつも神殿に隣接し、内部はレバノン杉やラピスラズリなどの宝石で装飾され、柱や神像、英雄の像などは金で飾られていて栄華を誇っていた。また、ウル王の死に際しては、神官、軍隊、馬や馬車、楽隊、婦女などが特別な甲冑や礼服を身にまとい、見事に整列し苦もない平常の表情で同時に殉死を遂げ、そのままの姿で埋葬されていた。

王家の歴史を刻むことも、重要なシュメールの文化であった。シュメール文字は王家の

5500年前中川代遺跡出土の石斧・スメルの古拙文字

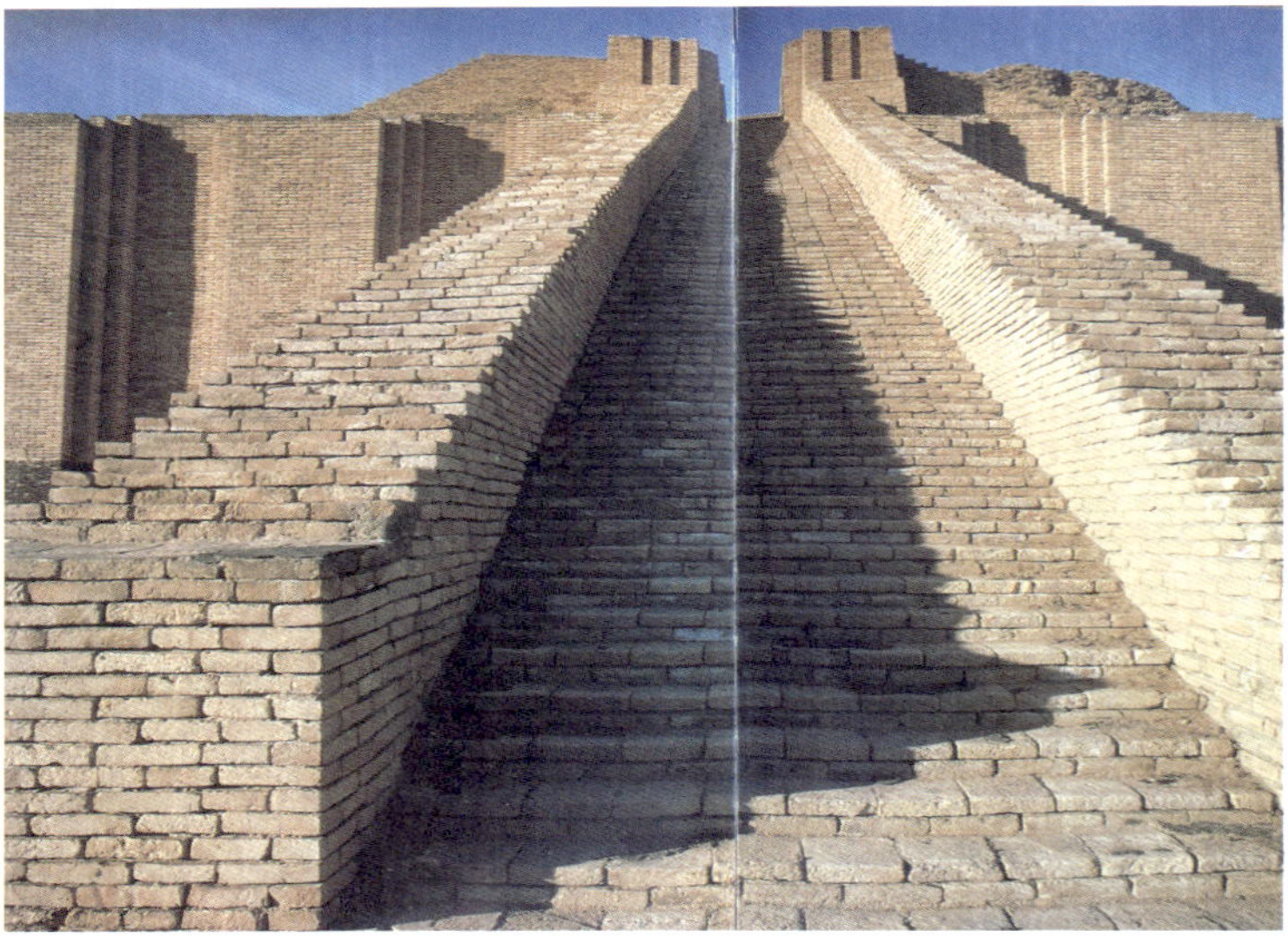

神の家（エアンナ）

文字といわれるように、その王家の創立の起源から連綿と書き綴られてきた。それは、楔形文字といい、葦の茎をペンとして粘土版に押し付けて書くレリーフ状のものである。

また、神殿に生産した穀物や漁でとった魚介類を奉納する形で納税が行われた。物納である。それらは、勧請《かんじょう》として、レリーフに品目と数量を刻んで奉納した。そのため、シュメールでは数学が早く取り入れられていて、簡単な関数計算もあったといわれる。

そのためか、後で述べるが、神の神格を数詞で表す習慣もあった。数学の元を作ったのは、おそらくはカルディア人であろうと思われるが、それはカルディア人が星を読む名人で占星術を発明していたからである。５０００年も前に、彼らはすでに1年が３６５日16分11秒で出来ていることを知っていたし、木星の周期は12年、土星は30年、日蝕月蝕の周期をいうサロス周期が18年７ヶ月であることも知っていた。驚くことに、地球の歳差運動、つまり地球が駒の様に軸を揺らして自転していることだが、それが2万５８００年周期で起きることも知っていたのだ。

シュメール文明は海洋民族によって築かれたといわれているが、それは、シュメール語の7割が漁労の言葉が含まれるからといわれている。また、大河の河口から川筋に点在する都市国家を舟を足として移動するからでもあるだろう。

シュメール文明はメソポタミア平原を流れるユーフラテス川とチグリス川をまたぐよう

に広がっているが、元々この平野にはウバイド族という勤勉で規律正しい農耕民族が住んでいた。

ウバイド期は約８０００年前に遡るが、天体を農事暦の基礎にするバイオダイナミック農法にも似た自然農法を持っていて、大麦小麦を主要生産品としていた。また、簡単な家長制度を持って生活の規範とする勤勉な民族といわれる。どこか、昔の日本人を言っているようだが。そして、その平野の農耕民族と、世界最古の書ギルガメッシュ叙事詩に出てくる海洋民族、ディルムン・プント・マカンの三海洋民族とが合体することにより基点となる都市国家が芽生え、シュメール文明を築き上げたのである。

その海洋民族のプント族はエジプトのヒクソス王朝の歴史に現われるように、地中海から紅海を活動範囲とする海人族で、今はアフリカの東海岸地帯に居つく一族と思われ、我はシュメールの末裔であると誇り高いソマリア（シュメーリアン）の国を造っている。

マカン族は、インドネシアを拠点としメコン川周辺にシュメール文明を伝え、メコン文明を再構築した民族で後のアンコールワット遺跡などを残した海洋民族。丸に十の字のスワツシカのマークを旗頭にし、大蛇神ナーガをトーテムに掲げた勇猛な海人族である。末裔に東南アジア・マレーシアを拠点に世界にホテルを広げる海商ハイアット一族がいる。古代日本の九州の海洋を制した隼人海人族も同族であろう。

ディルムンの秘められた謎

そしてディルムンは、謎の海洋民族といわれていて、ヨーロッパの学説では、モヘンジョダロかハラッパ遺跡の付近にあったマドゥラを海都としていたとある。しかし、私はこのシュメール文明の中核をなした海洋民族の正体こそ、日本ではラピュタといわれる海の新モンゴロイドそのものであったと考える。

その根拠の一つはギルガメッシュ叙事詩の中にある。ギルガメッシュ王の犯した罰として盟友エンキドウがイシュタル女神に殺される。ギルガメッシュは大層嘆き悲しみ、神に友の生き返りの妙薬の在り処を尋ね、そこに赴くこととなる。そこが、ディルムンの島である。そこは太陽の出る国を目指し、恐ろしい闇の世界を何日も歩き、次に宝石に輝く森を何日も歩いた後に辿り着いた地の果てに死の水の海があり、その先にある仙人の住む島がある。仙人とは、ウトナピシュテムという洪水伝説の方舟の主人公である。神々の会議でギギに永遠の命をもらって東海の蓬萊山の河口に住む仙人である。

太陽は東から昇るからギルガメッシュ王は東へ東へと進んだことになる。そして、その

メソポタミアの湿原・葦原

ナンマドール遺跡

ペトログリフサイトのペトログリフはネイティブアメリカンと同じ

ナンマドールの盃状穴（中）と天草の盃状穴（下）

地の果ての海の先にある仙人の住む島、といえばそこは日本しかない。それは、ギルガメッシュ王が君臨する都市国家ウルク市の神殿ジッグラトが北緯32度上にあり日本の九州がまた北緯32度線上にあること。ウルク市の真東にあり、その先の水の向こうにある島であること。その島がディルムンであるとすれば、ディルムンの海都マドゥラは転化してマツゥラ、松浦ともなるしマツラ国ともなる。また、インドネシアの港にもマツウラがあるし、アリューシャンにはマツワという港町がある。インドにある船員の町マドラスの港町は有名であるがこれも同じ語彙の地名だ。

つい最近、東大考古学チームがタヒチの近くの無人島にナンマドールという遺跡を発見した。そこは5mほど海底に沈みかけた河岸神殿で、その島にはない石を使って神殿を築いてあった。そして追加探査により島の東西南北に同じような石の神殿が発見された。

私は確信した、ナンマドールの「ナン」はインド語のナム・アスカールのナムで「ようこそ」という意味だ。だとするとナンマドールとは「ようこそマドゥラへ」ということになる。間違いなくディルムンはインド洋から環太平洋をホームグランドとした謎の海洋民族であり、驚異的な航海力をもって太平洋を駆け回った謎の海洋民族ラピュタのシュメール語での呼び名であったのだと。

また、その後2024年6月に友人であるピンク法螺貝のりーこさんがミクロネシア大統領府に招待され、ナンマドール遺跡のペトログリフ調査を許された。そこで多くのペトログリフと盃状穴を発見し、その足で私に写真情報と状況を報告された。

ペトログリフはシュメール系古拙文字、アメリカインデアン・ホピのペトログリフ、メキシコのペトログリフなどを含む多様で時代も広範囲に及ぶものであった。このことにより間違いなくラピュタがシュメールから南米までをカバーし、そして黒潮により日本への流入が決定づけられたのである。

海洋民族ラピュタがアメリカに100足の草鞋を残す⁉

ラピュタは1万3000年前に北米に到達していて、オレゴン州フォートロック洞窟に100足に及ぶ草鞋を残していた。一緒に出土した糞石の化石を分析して日本人の渡来と分かった。

1万5000年前ウルム氷期が、急激に進む温暖化で海面は100mほど上昇し、スンダ大陸は沈む。1万3000年前には河岸神殿が沈み、現在の海底神殿となる。温暖化はさらに進み、現在の海面より8mも高い水位となっていて、北海の氷は解け、ベーリンジ

米国オレゴン州フォートロック洞窟の草鞋

マオリ博物館に展示される初期の帆船

帆やロープの原料の麻

ャーからバルト海への海路が出来ていた。

１万３０００年前には、イースター島を中心にオロンゴ文明が開いていた。マオリの海洋文明である。マオリは早くに麻布を発明している。麻による機織り、ロープを使って、船に帆を張りロープで強固なアウトリガーの船で大海を航海する方法を発明していたのである。

これが世界に文明を一気に頒布する起因となったことは間違いない。そして、同時にスンダ大陸が沈み、ムーの文明を継承した洞穴人の湊川人が躍動する。夏至の太陽信仰とそれを巨石にてプロットする巨石文化を持って祭りを起こす湊川人一族がソロ川河口から海洋民族のマオリと同化していき、広大な航海力を持つラピュタとなって島々から黒潮海流にのり環太平洋を闊歩し始める。これがインドネシア、ミクロネシア、ポリネシア、メラネシアのオストロネシア人と呼ばれる海洋民族となっていく。そのラピュタは、アナトリア高原にあるギョベクリテペ遺跡（１万２０００年前）にまでユーフラテス川を遡上し、神殿の柱の上部に盃状穴という古代祭祀の様式である印を残していた。その神殿の柱には、鳥神のレリーフが刻まれている。その鳥神は、イースター島の神殿にも刻まれていた。また、そのレリーフはインカやナスカ、パレンケの石板にもあり、１万２０００年前にはすでにラピュタが赤道海流を使い、マダガスカルから南米のエクアドルまで航行していたことがわかる。

温暖化が進むと、ラピュタは、黒潮に乗り住みやすい北緯30度から40度の日本へと上がってくる。ところが温暖化が最も進んだ7000年前頃、北緯30度の帯体が砂漠化へと進んでいく。ナイル河口、メソポタミア、インダス河口、黄河、アメリカでもアリゾナが砂漠となった。その折世界に水を求める「イルガガ（我に水を祈る）」という念仏・呪文のような言葉が蔓延した。

そのときラピュタは日本の九州の土器を見つけていた。それはセラミカと呼ばれる、薄くて硬く丈夫な曽畑式土器である。5㎜ほどの厚さの丈夫なこの曽畑式土器は、吉田式円筒土器などと融合して、船で水を運ぶ最適な土器となる。後にシュメールの水瓶といわれ

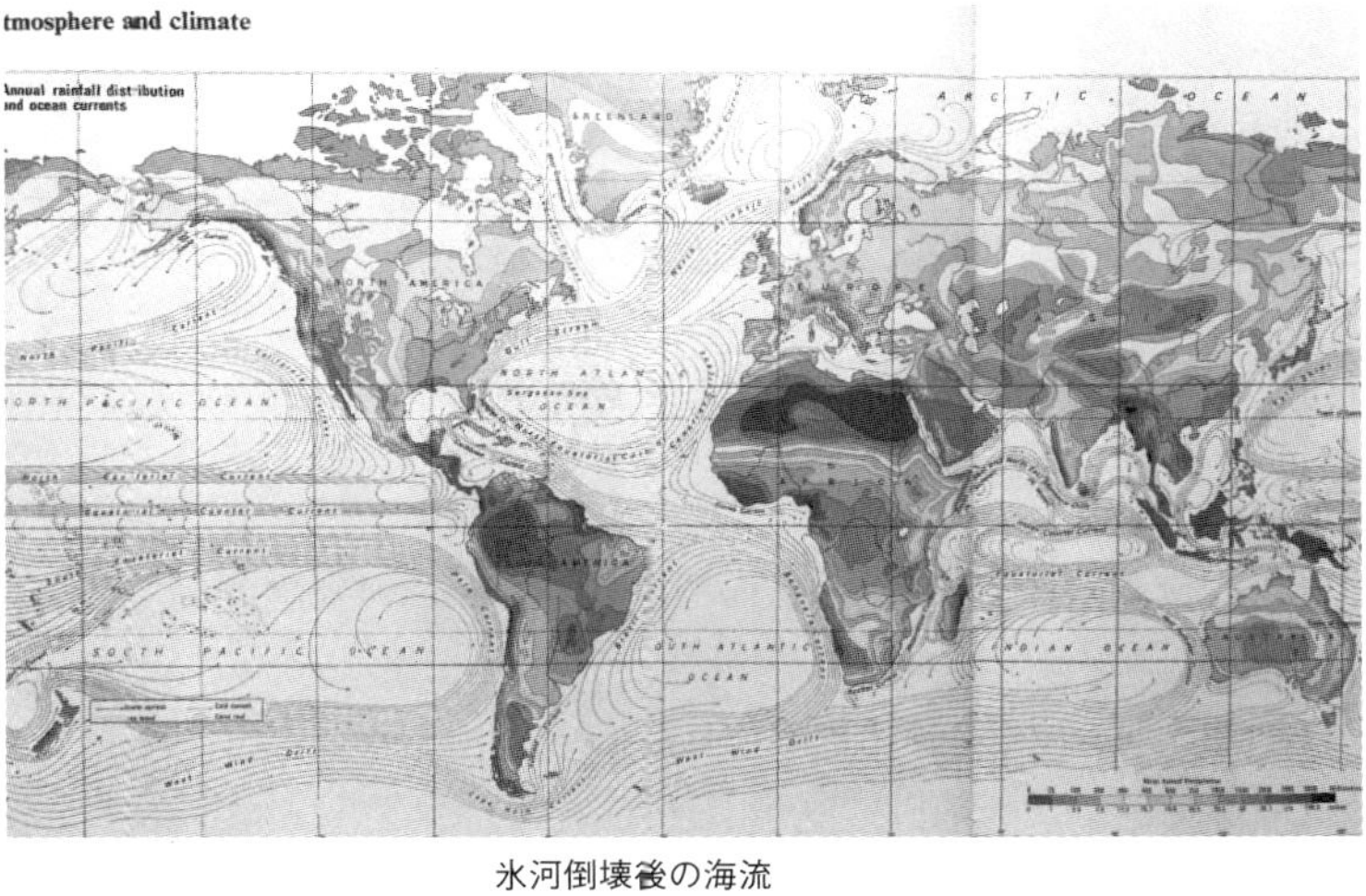

氷河倒壊後の海流

フンネルビーカーピープルの船団

フンネルビーカーピープルのロングハウス

三内丸山遺跡のロングハウス。玄関屋根が唐破風

北欧のラピュタ土器

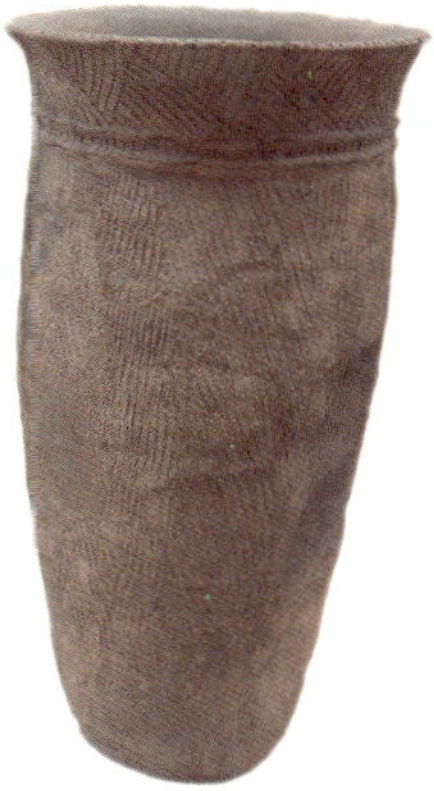

ラピュタの影響を受けたといわれる吉田式円筒土器

チェコのラピュタ土器

るそのものであったと想像している。

ラピュタはこの水瓶を船底に詰め、世界に水配りを始めたのだ。シュメールのみならず、北海を越えバルト諸国、北欧から東欧チェコ所蔵のラピュタ土器、ブリテン島北部出土の曽畑式土器などを残していて、デンマークの船型遺跡やスウェーデンの船型遺跡は6300年以前に東洋から押し寄せてきたフンネルビーカーピープルが土器と巨石文化を伝えたとデンマーク、ドイツ、スウェーデンの文化庁は言っている。

フンネルビーカーとは漏斗型土器の人たちと言い、まさに曽畑式土器である。また、フンネルビーカーカルチャーFunnel Beeker Cultureともいい、ロングハウスを築き、高床式住居を作り、茅葺の屋根を持ち玄関屋根は、日本の唐破風《からはふ》そのものである。山内丸山遺跡を見ているようでもある。

ラピュタが土器に水を入れて世界に配っていく……

ラピュタが土器を世界に運んだことは、水を配ったことだけではなく、もっと大事なことを伝えていた。

ラピュタが海洋を渡って行くための命の水は、神奈備の山の岩清水を汲み、セラミカと呼ばれるとても丈夫な土器に納められていた。それは曽畑式縄文土器と言い、九州の天草の陶土を使い１５００度の高温の炉で焼かれるセラミックのような土器だった。この土器は環太平洋だけでなくバルト海まで進出し、ブリテン島北部のシリー島からも出土している。そのような高次元の炉を持つラピュタが、温暖化の終息による急激な寒冷化で北欧から中原に活躍したラピュタ達が北航路での帰還ができなくなり、ヨーロッパに留まり、フンネルビーカー族と共に同化していったと思える。

ここに高温の炉を使って冶金工業が芽生えた。先ケルトのコーカサス山麓から南下した一族が鉄器を発明すると同時に南下していたウバイド族に鉄器を提供すると、とてつもない勢いで農業を実らせた。シュメール文明の始まりである。ラピュタは先ケルトたちとアナトリアからメソポタミアへと流入。これは１万２０００年前、赤道海流からユーフラテス川を航海したラピュタの道筋であった。そこにはギョベクリテペ遺跡があり、ラピュタの盃状穴を神殿にくっきりと残していたのだ。

首里城の城壁

相島の石積遺跡

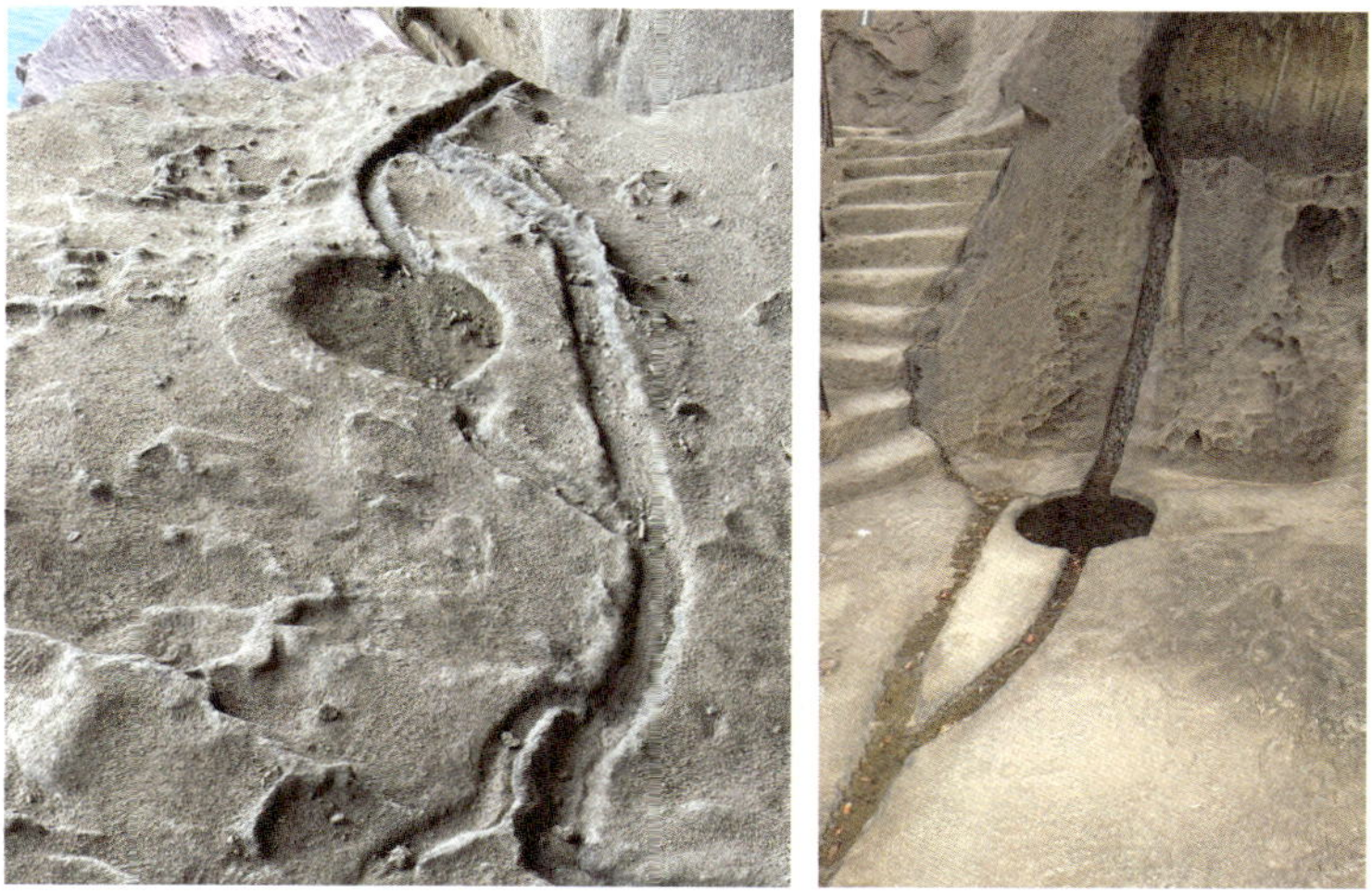

鬼ヶ城（世界遺産・吉野熊野国立公園）のラピュタの水道

伊佐奈祁神社の取水口

白木川源流水源

ラピュタの残像とは、ナーガの力であるうねりや渦巻き形状のことである！

ラピュタの一番の特徴は、ナーガ神を信仰し、常にうねりや渦巻を力の源としたことである。何千年も北極星のない時代の民である。まず、直線や直角などの意識はなく道路や階段にしてもゆったりとしたうねりで作られた。すべてナーガの力に任せた。例えば沖縄の首里城を見てもらうと、城壁は曲線を描いている。九州では安曇のお宮、小戸妙見《おどみょうけん》神社の参道や、相島の石積み遺跡の通路、近世に作り直してもそうなってしまう。

三重県の吉野熊野国立公園の鬼ヶ城に築かれた、ラピュタの水取の装置なども同様だ。これは熊本の伊佐奈祁《いざなぎ》神社の磐座から湧き出る水の取水方法などでもみられる。取水口から細い溝を作って、40cm程の水鉢を掘りそれをまた細い溝でつないでいくという方法だ。私はこれをラピュタのお水取りと言っている。何か意味があると思うが真水を戴こうとしたラピュタ達が考えたことであるから我々が意味つけることではないとリスペクトしている。

また、マオリ族のころから火山に対する恐れみたいな信仰を感じる。ハワイの火山の神ペレとの闘いの神話があったりする。ディズニーのアニメ「モアナ」の中でも火山との確執が出てくる、最後にトンビに助けられて大波が火山を収めるが、あれがナーガ神の力だとラピュタたちは信じていた。

世界が温暖化で火山の鳴動が増え、地震津波など人類の未来を脅かした時、ラピュタはムーの伝承である夏至線の宇宙パワーの信仰と巨石による火伏を行ってきた。その第一が阿蘇の押戸石山遺跡で、ナーガの力と宇宙の夏至線に起こる力を巨石を組むことで実現してきた。６５００年前のことである。世界に巨石文化のドルメンなどができたのもこの時代で、ラピュタが先導したものと思われる。そして、火山シンドロームの鳴動は治まった。すると宇宙に一点不動の星が現れた。北極星天和アンの時代、シニメール文明という時代が始まるのである。

ラピュタが５０００年前以前に、黒潮と共に紀州を過ぎて愛知、伊豆、三浦半島に到達し、取水活動をしていたことの間違いない証が三重の鬼ヶ城のラピュタの水道である。取水口に盃状穴を刻み、海に続く水道を作っていたその水道が火砕流の溶岩で半分覆われたところがある。三重県、愛知県の沖で海底火山が爆発したことを示している。しかも、ラピュタが水道を使ってるその後である。ということは、あの温暖化による火山シンドロームの６５００年前ということである。九州阿蘇の押戸石山遺跡が火山鳴動を治めようとし

落ち水の取水口と祈りの盃状穴、そして溶岩が水道に被さる。

たラピュタの火伏祈願の遺跡であるという仮説にも合致する。名古屋熱田神宮に上陸したラピュタの姿が現実化してくる。

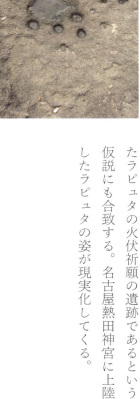

第一章

世界に君臨する宇宙最高神「アン」とバビロニアによって書き直されたシュメールの歴史の足跡

シュメールの神々アヌンナキ、天神アン[60]神を中心とする一族について

シュメール文明の中でも、最も注目すべきは神々の世界観である。

宇宙万物の創世神がいて祖神となる夫婦神からの系譜が続き、その親子兄弟親戚縁者に序列がついている。それが以後連綿と続く世界の王家の系譜の基本となっていて、その家長制度の基本をなす価値観は現在も変わることがない。

そのシュメールには「アヌンナキ」という「神々の会議」があった。天神アヌ(アン)[60]を頂点にその妃ニンキ(キ)[40]大地母神、その長男にあたる風神エンリル[50]、その弟で海水の神エア(エンキ)[35]。風神エンリルの三子に、長男の月神ナンナル(シン)[30]。次男の太陽神ウトゥ(シャマシュ)[20]。とその双子の妹に金星女神イナンナ(イシュタル)[15]。そしてエンキの妃で、森の貴婦人ニンフルザク(フンババ)[25]がいた。

その中で天神一族でありながら太陽神シャマシュは会議にはいれなかったといわれる。

それは神々の本性が夜の星々であるからだ。そこへ昼の太陽の神であるシャマシュが現われるということは、他の神々を一瞬にして消し去ってしまう。故に太陽神シャマシュは神々の会議の席にはつけなかった。しかしその疎外感が後に後継の民族の中から太陽神を最高神とするハンムラビ王が太陽の法典を生み出し、それが後にイスラム原理主義の経典となって宇宙の天を分ける戦いを生み出してしまう結果となっている。この天神一族のアヌンナキによりオリエントの神々の世界は形作られていた。ギルガメッシュ叙事詩の中にも、イシュタル女神に楯突くギルガメッシュ王がアヌンナキによって生きる課題を与えられ、苦悩の末、やはり人間は人間並みにしか生きられないということを思い知らされている。このアヌンナキの下に多くの神々が現われる。

ここでこれから述べるシュメールの神々アヌンナキは、バビロニアによって書き直されたシュメールの歴史で、4200年前にアッカドによって殲滅されたスメルの神々はキシュとウルの民によって言い伝えられ、

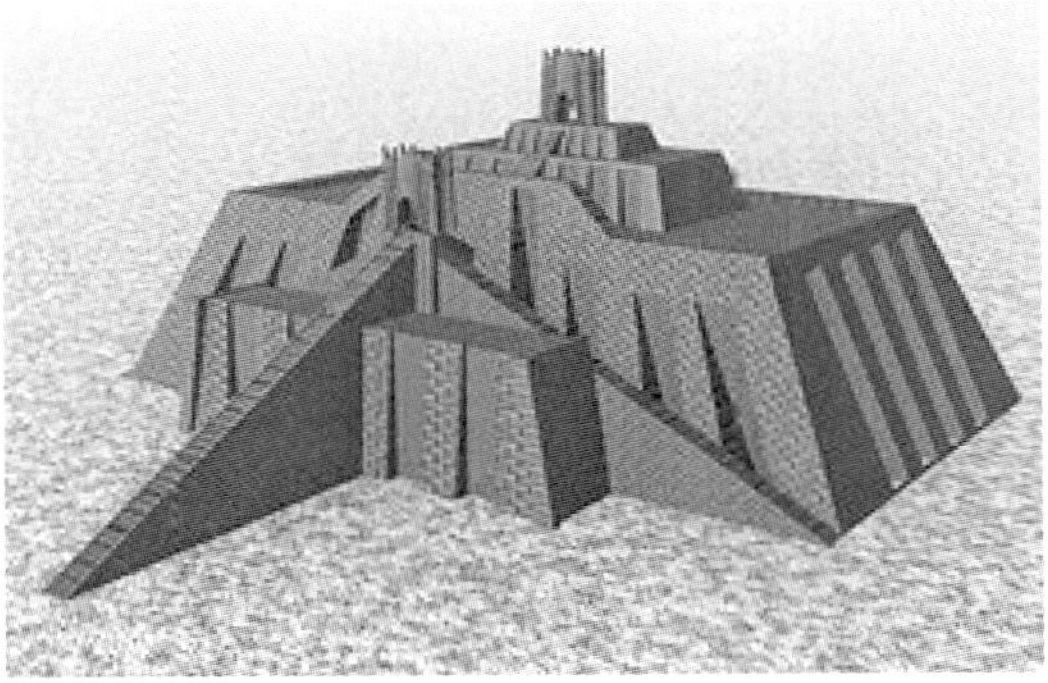

ウルク市のギルガメッシュの神殿「エアンナ」

ラピュタの末裔であるディルムンの島日本へマカン族によって運ばれていた。それが天神アンを信奉するアッシャムの呪文を唱えるアズミの一族であった。

なので、太陽神ウトゥ、金星の女神イナンナであってシャマシュ、イシュタルでは日本に到達していない。

しかし、日本のシュメール学はバビロニア学によって習っているので、とりあえず神の呼び名は通例に沿って説明することにする。

「米」のマークで現わされる天神アンと赤米とユニオンジャック（米）そして「米国」の呼び名の関連について

シュメールの神々の中で、天父天神アンと呼ばれるアヌンナキこそが「神々の最高会議」を主宰する神である。アヌとアプスーの子で、その正体は北極星である。

約6000年前から北の座に座り輝き始め、天体考古学ではBC2730年の北極星が、この1万年の中で最も輝いていたといわれる。この星は、龍座のお腹付近にあってツワン（ツヴァン）と呼ばれるα星であった。

エジプトのセティ17世のピラミッドの玄室の壁画に、「ツワンが北斗七星を使って海の水を宇宙より分け与える」と描かれている。また、ピラミッドに星が付いたとき、星の神々がピラミッドに降りてくるという。まさに天孫降臨の図がある。

今日、龍神様を水神様と崇める思想はこの頃発生したもので、この龍神思想は中国に伝わり北辰神となり、秦の始皇帝の宮殿にも龍道が作られ、北の龍神アンを向かい入れる天安門も作られた。

この天神アンは、シュメール王朝最初の王ギルガメッシュが君臨したウルク市の主神として神殿「エ・テメン・アンキ」が築かれ、最高の権威を持つ占星術師のグデア僧がアンとアントゥの迎え入れの祭りを主宰した。

その祭りはシュメールの正月である彼岸の1週間をアンとアンツと共に祝って過ごす祭りで、ご馳走の供儀を捧げ、グデアたちは東より昇ってくる星座を三日三晩謳い上げ、来る年の安寧を祈願した。祭りの終わりには全市民との会食があったとされる。

アンは、60の数詞によって表される神で、呼び名を「アブ・アッシャム・ディンギリス・アン」と呼ばれた。シュメール語でアブ＝天父・アッシャム＝60神・ディンギリス＝北極星・アン（Ab assa mu dingirs am）と言っていた。シュメールの古拙文字の十を二つ重ねると十十（奉る）という意味となるが、粘土板には北極星は八方位となる「米」の記号で描かれている。古ヘブライ語で8は「ヤ」で、方位は「ホウ」である。つまり『ヤハウェ』である。古ペルシャでは、ab assa mu an を「アブ・ハッシャムァン」といった。これは、転化して「八幡」を意味する。古ペルシャを始祖にする秦氏が八幡を氏神にする由縁である。

また、天神アンへの供物の一番目は、ウルシャ・ウルドウといって「ウルの赤い銅色をしたウルの麦」という意味だが、実はそれが赤米であった。その赤米を「エ・アンキ」の聖所の供物台の上にいわゆる天高盛りされ奉納されていた。

それは、ギルガメッシュ叙事詩にあるウトナピシュテムの洪水伝説で、方舟を作り洪水の前夜にエア神が約束した「翌朝、空からウルシャを降らす」といったのは、麦ではなく米を降らすといったのだ。エア神はまた、「夕に空よりパンを降らす」といっているので、これは麦の粉で作ってあるものということはやはり、最初は米で後に麦を降らしたのだろう。いや、後の旧約聖書の中で、種無しのパンという表現があるが、このパンも米で作ったパンすなわち餅のことではないだろうか。

以来、シュメールに起源を置く民族は、天神アンを「✳」マークで描いてきた。シュメールの影響の最も強い中国の殷王朝では甲骨文字が発明されたが天神マーク「米」をそのまま「米」としたのだろう。シュメールのウル人であったアブラハムの末裔たちもやはり米をマナといって、モーセとシナイを彷徨って疲弊したときに神が空から降らせた米で、その「マナの壺」が三種の神器のひとつとなっているし、シュメールの末裔の住む国、英国もユニオンジャックとして国旗に描くが、ソロモンの末裔は英国を追われさらに新天地へと向かった。そしてそこはまた、america つまり「am＝天神アンとrica＝米」の国だった。日本は明治の開国にアメリカを「米国」とした。アメリカの旧家では、娘が嫁ぐときに父親から八方位『米』のネックレスが娘に贈られる。そして、それは「唯一揺るぎのない愛の証」で真理はここにあると教えてきた。

天神アンの妃、大地母神キ（アンツ）は地球ガイアを象徴する女神であり、蛇神の紋様で描かれる！

天神アンの妃、キ（呼称アンツ）は40の数詞を持ち、↓のマークで表され、大地の母神とされる。また、地球ガイヤを象徴する女神でシュメールの粘土板では蛇神の紋様で表すことがある。↙のマークは大地から立ち上るオーラを表していて、地平線の彼方から立ち上るご来光とも言われる。中国の殷王朝の甲骨文字で人の象形文字웃の頭に↓を乗せ

たものが光となっている。人の頭から後光がしている姿を光といったのだろう。これは、シャーマンを表す神聖文字だったのである。

日本の神話の女神で伊勢神宮の祭神天照大神がいるが頭に↓の冠をつけている。これはアマテラスが元々古い日本の大地母神であったことを意味するのだろう。でも、日本の開闢《かいびゃく》神話では、太陽神の天照大神となっている。頭に↓のマークをつけた大地の女神が太陽神へと変わっていく話、これが天の岩戸開きの神話となっているのではないだろうか。

太陽神が岩戸に隠れるというモチーフは太陽が大地にいるということを表していて、そして皆の希望と祝福により岩戸から引っ張り出されていくという天の岩戸開き神話が生まれてきたのだろう。また、アマテラスが弟スサノオの横暴に怒って岩戸に隠れる、すると世界が闇に隠れてしまい飢饉が起きてしまった。こまった神々は岩戸の前でウズメの裸踊りをして楽しむことにした。するとそのお囃子に誘われてアマテラスが岩戸より現われ出る。

同じような神話は、ギリシャにもあった。女神メデラルが弟ポセイドンの乱暴で岩戸に隠れると、世界に飢饉が起きてしまう。困って、バウボという女が岩戸の前でストリップをして皆を笑わせると、それにつられて岩戸から出てこられたという。まるで同じ話をしているようだ。

シュメールの神は夫婦神で、その妃には「t」を付ける。例えばアンにはアンツとなり、バール神の妃はバールツ女神というようになる。

シュメールの地は今ではイラクであるが、そのシュメールのウルの港は今ではバスラとなる。当時、海は海進期だったのでバスラの奥のウルが港となるのだが。そのバスラから日本まで古代は航海していたという説を唱え、途上にあたるインドでシュメール船を作って実験航海した人がいる。岩田明氏といって、三井商船を退職後、ソルボンヌ大学でシュメールの粘土板の造船の記述を解読し、インドでシュメールの帆船を建造した。タールと綱で作る約30フィートの帆船だ。船名はキエンギ号とし、日本に向けて出帆した。インド人の8人のクルーで航海を続け、25日で久米島まで到達した。残念なことに久米島近くで台風に遭い座礁、そこでリタイアとなった。が、久米島はもう日本である（参考：『消えたシュメール人の謎』徳間書店）。日本まで古代航海法でもシュメールから日本にこられたという証となる。当時の航海民ラピュタだったらもっと簡単に往来できただろう。その日本は神話にアマツクニとしていて、五十鈴川のある伊勢神宮が元宮となっている。シュメールの60神アンと40神キの長男は50の数詞を持つ風神エンリルだが、伊勢神宮の元宮渡会宮の祭神もイソノ神（五十男神）であった。

マガタ紋⧖で記されるアンとキの長男、風神エンリルは洪水を起こした張本人であり、五十《イセ》（伊勢）ともつながる！

50の数詞を持つ神で、アンとキの長男。風と嵐の神で「英雄」という添え名を持つ。シュメールの文字記号ではマガダ紋の⧖で記されている。父、天神アンの長男で系譜では第二位に位しているので、呼び名も父と同等の呼び方をしていた。

Ab assa mu dingirs an buim isu Enlil「天父60神北極星の神アンの子荒ぶる風神50神エンリル」という。ギルガメッシュ叙事詩の中の洪水伝説でアヌンナキの意に反して洪水を起こさせる張本人でもある。シュメールだけでなくヒッタイト、地中海諸国など広く荒ぶる神として信仰され恐れられた。風水害を支配するので農耕民にとっては最も身近な神であり、時として牡牛神と混同して祀られたりしている。ヒッタイトではアダト神、カナン地方ではバール神ともなっていた。

バール神

東南アジアでは、風神は海洋民の主神であったので、越などのように鳥神と混同していたりもしている。また、アレキサンダー大王の時代の金貨が中国の海南地方の港エンリラ（燕里羅）で見つかっているが、ANEMOSという文字が書かれアレキサンダーの姿が彫られているコインだ。ANEMOSとは、アン（天神）ネ（子）モス＝メス（産む）というマケドニア語だが、まさに天神アンの子でエンリルの港エンリラで通用していた。日本にもエンリルの転化した地名は多い。例えば、恵那、江奈、江浦などがそれである。

シュメール語で五は「イ」十は「シュ」だが、シュメール語は膠着語なのでSの発音はシャ、シィ、シュ、シェ、ショというように平たく訛る。今の日本的に読むと「イス」「イセ」となる。前述のように、伊勢は風神を祭り、日本はアマックニであり、アンとアンツの長男エンリルが支配する50の数詞を持つ地域であるということになる。

ヒッタイトやアーリアで主神の座、月神ナンナル（シン）は、日本では牛頭大王＝スサノオとされている！

エンリルには三人の子供神がいる。その長男はナンナル（シン）という月神で、30の数祠を持つ。粘土板には三重の円文で記されることが多い。ヒッタイトやアーリアには月神シンとして主神の座に置かれる。古代バビロニアでは宇宙神ベルの子とされ、シンの子にはマルドゥク（木星神）がいる。ナンナル神はシュメールではあまり力を発揮しておらず、周辺のヒッタイト系のイラン人などが主神とし、薄い新月の月をトーテムとしていた。それは、牡牛の角にも見立てられていて王は牡牛の角を兜につけて権威を表した。また、ペルシャやアーリア族は反った剣を神にみたてて好んだ。まさに、戦闘は天誅の行為だったのだろう。

ヒッタイト族の一部は契丹族《きったんぞく》となり、夏王朝から殷王朝を造っていく。また、メソポタミアに流入した一族はイランで古ペルシャとなりスーサの都にシュメール文明を収集して継承している。スーサのダリウス神殿の玉座には十六花弁の菊のご紋が施してあり、柱の上部には二頭の牡牛の頭が乗っている。日本の神話に牛頭大王と書いてスサノオと読むのはスサの王そのものだったと思われる。

シュメールの太陽神には夜のウトゥと昼のシャマシュと二通りある！

シュメールでは双子山（マーシュ）の間から顔を出す太陽をウトゥといって神格化している◎マークで現される。シュメールの粘土板には◎や∨∨のように○や∨を二つ重ねることにより20という数詞を表す。∨は楔形文字で粘土板に書くとき葦のペンを押さえる表記であるが、∨は10という数字でもあるし○も同じ10の数字である。太陽神崇拝には二通りの信仰がある。ここでいうシュメールのウトゥは山の間から現われる、または間に沈んでいく太陽で、夜の祭祀の始まりと終わりを区切る役目がある。一方昼間に権威を持つ太陽神はシャマシュといってアッカド族やアッシリアのセム族たちが唯一神として信仰していた。ＢＣ１７５０年ハンムラビ王が太陽の法「ハムラビ法典」を創るが、これを原理とする太陽唯一神イスラム教が後の世に起こる。

　世界の宗教は、多くは夜に祀られているが、それは太陽が沈むと祭りの始まりであり、一日はここから始まるからである。そして、一晩中星を読み、占い、未来を推測したのである。また、感謝の祭りや神楽が奉納され、日の出を遥拝し、祀りは終結した。今では、なになにイブとか大晦日というのはその名残

山陰から覗くウトゥ

りである。

太陽神シャマシュはバビロニアでは、太陽の船に乗って世界を廻ったという。

エジプトでも、太陽神ラーはやはり太陽の船で地平線より現われ、ハトホルが神の使いとして飛んでくる。

だが、太陽は黄泉の世界へ案内する魂の船主でもある。夜の天空の蛇・女神ヌウトが太陽を飲み込み夜が始まり、イシスの神の世界を出現させる、そして次の朝にヌウトの子宮より新しい太陽を生み出し人間界の朝を産むとされる。

エジプトには、アブシンベルという磨崖神殿がある。そのファラオの玉座は奥の玄室の正面に太陽神ラーの玉座と並んでいて、冬至の日の出に太陽の陽が神殿玄関から差し込んで天井を次々と照らし、最後にファラオとラーの玉座を同時に照らし一瞬光輝いたとき、ファラオは神となるという人神和合の祭祀の神殿である。しかし、そのエジプトに、「Ab Shin Bel」（アブ＝天父、シン＝月神、ベル＝宇宙神）というシュメール語の名が付けられている。太陽神ラーはシュメールの太陽神ウトゥと同じ夜と朝を分ける神であったのだろう。

シュメールの天神アンが世界を支配していた頃、アンが主宰するアヌンナキ「神々の最高会議」にはシャマシュは出席できなかった。それは、太陽が出ると北極星を中心にする星の神々は一瞬にして消し飛んでしまうからである。その言葉の使い分けにも太陽の神の民族の違いが窺われる。

シュメールの主神である北極星が、歳差運動により今から4000年前には消え去っていた。その頃、周辺の諸王は宇宙の盟主を太陽に置き換え始めた。それは、ハムラビ王で完結したといえる。ハムラビ法典は非情に厳格な法で太陽の法といわれていて、眼には眼をという厳しい法律のようであったが、罪には同じ量刑の罰をという意味で大変公平な法律でもあった。

そのハムラビの意思を継ぐアッシリアの王は太陽に鳥の羽つけたマークをトーテムとし、それを錦の御旗に掲げ、大軍をもって周辺を制覇し、バビロンに都を置いた。BC720年ソロモンの孫たちが創る北朝イスラエルからヤコブの一族である十支族がアッシリア軍によってバビロンに連れ去られる。バビロニア第一次幽閉である。しかし、この十支族はこれより世界の歴史上から忽然と消え去るのである。

また、その後エルサレムに都を置いていた南朝二支族は、BC583年に新バビロニア王国によって、残っていたヘブライの民の二支族ユダとベニアミン達がバビロニアへと連れ去られた。それが第二次バビロン幽閉である。そこに台頭してきた古ペルシャのキュロス王が彼らを救い出し、50年間の幽閉の後エルサレムに連れて帰る。だが、そこにはすでにペリシテ人が住んでいてイスラエルの民の苦労がそこにまた始まる。そのユダ族が50年の幽閉の間にアブラハムから続くヘブライの歴史を書き綴ったものが「旧約聖書」である。

ライオンがシンボル、金星の女神イナンナは、アッカドではイシュタル神、日本では弁天様と呼ばれた!

太陽神ウトゥの双子の女神とされる金星女神イナンナがいた。

15の数詞を持ち、父エンリルと同じマガダ紋で現わされる。〇にマガダ紋⧖を入れた記号でも描かれている。天神アンの末孫娘で天神族の中では最後まで世界に強力な力を発揮し続けた。

アッカドではイシュタル神と呼ばれる女神で聖牛アルダを遣って災害を起こしたり、国や運河を破壊したり、また妖艶な姿で男神を惑わす困った女神だった。しかし、聖牛アルダの農耕神的要素が強く豊穣の神ともされた。相当に気性は荒いようで祭祀にはライオンを捧げたのでライオンが彼女のシンボルとなっている。

特に、フェニキア人は牡牛神であるバール神の妃と考え、バールツ女神と崇めた。このバールツ神の神像はエジプトでは、頭に球を乗せ牡牛の角を生やした女神として残されている。

フェニキアの都ツールの女王にエウロペ姫がいた。大層美人の王妃だったためクレタ島の牡牛神ゼウスに背中に乗せられて海の彼方のクレタに連れて行かれてしまう。その姫がギリシャでビーナスとなったといわれている。そして、クレタ島の先の西方がエウロペEUROPEの地、つまりヨーロッパと命名された。

イナンナ神はヒッタイトからさらに東欧にも広がっていった。

荒ぶる風の神エンリルの子という呼び名「buim Enlil su i Inanna」というシュメール語は簡略化と転化によりブィエンナとかビナリなどと呼ばれてきた。ポーランドではビエンナーレは金賞のことをいい、ルーマニアではビナリは金曜日となっている。そして、その音は中国でも使われ「ビェン」に星の神を表す「天」を付け、「弁天」とし、音曲と豊穣の女神と呼んでいる。

その、女神は海洋を伝って、当然ストレートに日本まで到達していた。イナンナ神は音の転化が少しかわるがフェニキア系海洋民族エビス人と共に日本に到達し、イナサ・伊奈佐姫・櫛稲田姫となっている。稲田姫は神話の中では、大物主の娘となっているが、やはり大物主の子にコトシロヌシがいるが、彼は各地で恵比寿さまと祀られる。日本の各地に稲佐山やイナサの字名を持つ地名があるが、フェニキアの海都ツル、津留・都留などの地名が各地で同時にセットとなっていることが多いのも当然といえよう。シュメール系海洋民族エブス族（フェニキアの一部）はシュメールの七天神を信奉する民と共に船に乗る。その中にイナンナ神が弁天様として乗り込んでいるのは至極当然のことである。

「シュメールの神々」

アシュナン　穀物の神。人間に農具と耕土を与えた。

アダト　豊穣神、運河監督官。カナアン地方では天候神バアル・アダト。

アプス　原初の真水の神。

アヤ　バビロニア語　シャマシュの妃。キトウ、ミシャルの母。

アルル　創造の女神。人類に牧畜と祭りを教えた。ベーレト・イリー（神々の女君）。

アンシャル　天の世界の代表。

イギギ　アンシャルとキシャルの子。

イシュタル　シュメール語イナンナ。金星女神。祭祀にライオンを捧げたのでライオンが象徴。フェニキアではアスタル

テ、ギリシャではアプロディーテ、エジプトではハトホル（セクメト）、
ローマではウェヌス。

エア　エンキ。海水の神。ニンフルザクが妃。
アッカドではダムナキ妃との間にマルドゥクを授かる。

エレシュキガル　イシュタルの姉。冥界の女王（書記）、泥と水しか口にしない。
軍神ネルガルの妃。

エンヌギ　警察のような役目を負う大神。洪水を起こした神の一人。

エンリル　アンとキの子。風と嵐の神。ニップールの主神。「英雄」の添名をもつ。

キ　アンの妃。大地の女神。

グーラ　癒しの女神。ニヌルタの妃。

シャマシュ　シュメール語ウトゥ。太陽神。生命保持と正義の神。
別名「バルバル」晴れ晴れの語源。

シャラ　豊穣の女神イシュタルの息子。

シン　月神ナンナル。この時代太陽より地位は高かった。三日月が象徴。

シドウリ　酌婦の添名のある女神。知恵の女神。
ウトナピシュティムの巫女と思われる。

スムカン　家畜の神。

ダムナキ　水の神エアの妃。最高神マルドゥクの母。

タンムズ　植物神。ギリシャのアドニス神話の主。

ナブー　予言と文字の神。水星の神。ギリシャではヘルメス。

エジプトではトウト別名ネボ、後のアッシリアの守護神。

ナンム　人類が生まれるきっかけを作ったとされる女神。

ニヌルタ　ニンギルス。軍神（英雄）豊穣神。洪水を起こした神の一人。

ニダバ　穀物、知識、学問の女神。人類の守り神。

ニサバ　麦、穀物の女神。

ニンガル　ナンナルの妃。

ニンスン　ギルガメッシュ王の母にあたる女神。

ニンフルザク　ニンキ、ニンリル。

ヌスク　火の神。ナンナルとニンガルの子。

ネルガル　別名エラ。火星の神。疫病と戦争の神。

マハ　軍神ニンギルスの母。

マミートウム　運命の女神。ネルガルの妃。

マルドゥク　バビロンのエ・サラギ神殿。最高神。エアの長子、ナブーの父。木星の神。ハンムラビ王以ベール・マルドウクとして降絶大な崇拝を受ける。

ミシャル　シャマシュとアヤの子。

ルガルバンダ　ウルク市の主神。ギルガメッシュ王の父とされる。

B.C.とA.D.「紀元の起源」！A.D.は「天神アンの明日」の意味だった!?

シュメール文明はBC2200年頃、セム族のアッカド王サルゴンⅠ世によってウル第Ⅲ王朝が滅ぼされ、そのまま衰退しメソポタミア文明として古ペルシャまで引き継がれて行く。

それも種族の主神を持つシュメールの王達が次々と我主神を打ちたて続けた結果、シュメールには3000にも及ぶ神々が出来てしまったといわれる。これによって、シュメールに求心力が失われ国家が滅びていく最大の要因となったとされる。

しかし、その本当の原因は、地球歳差運動により北極星の位置が変わり、天空に一点不動の地位を示す主神アンの姿が消えたことにより、主神不在の神代が始まったことにあるのだ。それから2000年戦乱は続くが、ローマの皇帝アウグスティヌスは、シュメール文明の血を引くヘブライ人の祖であるギルガメッシュ王が信奉していた天神アンの再来となる、新しい北極星の出現を祈念し、その年アウグスティヌス27年を「Anno Domani」(天神アンの明日)大歳の祝いとして新世紀を祝った。ここでユダヤの時代B.C.は終わり、新しい世紀A.D.の冠省を与えている。今はAD2024年である。

天神アンを祈るから「イラン」、天神アンの妃である女神キを祈るから「イラク」!

シュメールにも天地創造神話があった。

それは天神アンと大地の女神キが契りを結び、風神エンリルを生んだ。その大気の神が天と地を分け世界が創世されるという神話である。また、同じような神話がエジプトにもある。エジプトでは、天空の女神ヌゥトと大地男神ゲブとが結ばれシューという大気の神を生む。そして大気神が天地を分け世界を創世するという天地創造の神話が産まれている。

ここで気づくのは、シュメールでは天神父が上位であり、エジプトでは女神ヌゥトが上位となっていることだ。そしてシュメールでは、祈るを「Ir」イルといった。では、天神アンを祈ることは「Iran」、即ち「イラン」である。また、天神アンの妃大地の女神キを祈ると「IrK」イルキとなり、即ち「イラク」となる。

天神アンを信奉する一族は「イラン」と唱え集結し、母方大地女神キを信奉する民族は「イラク」と唱えて集まった。シュメールのイラン派はペルシャが継承し、アフガン、ローラン、中国春秋の時代と伝わり、そこで儒教が提唱され秦始皇帝らによって東洋へと流布されてきた。

しかし、イラクを唱える女神崇拝派は、地中海からヨーロッパへと広がり、「ウーマンズファースト」の根底が出来上がった。フェニキアではエウロペ、クレタ島ではヴィーナス女神、エジプトでは先述の女神ヌウト・イシスそれからクレオパトラなど女性神や宰相が優位を築いている。英国のエリザベス女王は今でもその権威を堅持する。その英国はアラビアのローレンスにもあるようにイラクのバスラを死守した。

日本の海洋冒険家の岩田明氏が、シュメール船を復元しインド人のクルー8人とともにインドから一旦バスラに引き返し、再びバスラより実験航海にでた。氏らは、古代航海法による帆走で久米島まで何と25日間で到達した。不運なことに台風と出会い久米島漂着で航海を断念したが、日本まで後4、5日もあれば十分当着可能なところであったと聞いた。古代の時間的価値観で行けば、ほんの一月ということだろう。5000年も前にこれだけの航海術を持ったシュメール海洋民族がいたのだ。当然バスラから多くの情報がノウタイムで日本にもたらされていたであろうし、日本からも多くの資源がオリエントに持ち込まれたことと思われる。

だとすると、バスラからは海洋で繋がる日本との合言葉も「イル・キ」で合ったはずだ。古代日本は女性宰相の国。天神アンの妃「アンツ」の国、いわゆる「アマツ（天津国）」であった。シュメールで「奉る」を粘土板に「＋＋」と書き、「ＴａＴｅ（タテ）」と読んだ。しかし、海洋民族はあまり文字を使わず「音」による言葉を伝えたのである。

ところが、それから数千年の時を経て、大陸から「タテ」は漢字となって伝わってくる。しかも「＋＋」の上にお宮が載って「奉」となっている。音はすでに中国語に変わっていた。同時に大陸から、儒教も導入されてくるとその男性上位の「イラン」の家長制度が日本の基本に取り入れられていった。また、おそらくは、日本における卑弥呼の時代がその女性上位の「イラク」を信奉する最後の斎王の時代となったものと思われる。

シュメール古拙文字はこうして日本だけに残った

シュメールやアッカドは文字を粘土板に葦のペンで圧筆して書いていた。それを楔形文字という。しかし、その大方は王家の歴史書とその主神の神殿に奉納された勧請を記録したものであった。

王家の代が変わるとそれらはすべて破壊され、新しい王家の文字が創りだされ、新たな歴史が書き綴られた。まさに焚書の連続であったとされるため、シュメール文字はシュメール王家が滅亡すると、同時に消え去ってしまった。シュメールの記録は、BC2200年頃にアッカド語で書かれたものがほとんどで、楔形文字はペルシャのアフラマズダ神殿の磨崖文が最後の記録となる。

シュメールを中心に交易をするフェニキア人や地中海、インド、東南アジアなどを航海するシュメール系海洋民族は、到達した地や開発した産地などで自らの出自を地名や碑に刻んで残した。それは、彼らの民族の名と守護神や王の名前を刻むことだった。

地名には、出身地と主神や一族の王と守護神の名前を合併標記する記銘法が主流であった。それが、シュメール古拙文字である。それを広汎にしたのがフェニキア人で、世界共通語が始まる起因を作っている。

シュメール語はヘブライ人が古ヘブライ文字で音価を伝えたが、古ヘブライ文字はシナイ文字から派生してフェニキア人がヘブライ人との共通語として使いながら交易先に広げている。それを、ギリシャがフェニキア人に習い、ギリシャアルファベットが出来た。また、その後ローマ帝国はギリシャを倒すとギリシャ文字と同時に整理されてきたラテン文字を公用文字として取り入れる。それが、現在のアルファベットの起源である。しかし、そのラテン語は、フェニキア人が開発したものでケルトの技術文明の地ラテーヌとの交易に使用した共通公用文字であった。

アルファベットA・Bの起源は、聖牛アルパ神と神の住む家ベートから発生している⁉

最初に聖牛アルパがシュメールの天神アンによって天界の盟主と認められたのが5000年前頃で、アルパは神の家「エ」に住む。

ピラミッドに神が住んでいるということは当時の人間には、とてつもない情報だったのかもしれない。特に、砂漠に住むヴェドウィン人達には強烈な情報だったのだろう。彼らは牡牛を神と考えていた。聖牛アルパ神を彼らはという記号で岩に刻んだ。そして、神の住む家はアラビア語で「ベート」というが、彼らの記号でと刻んだ。

アラム文字のは4000年前ごろにはの標記に変わった。またそれをフェニキア人は右に90度回転させてとした。それが何故かということはわかっていないが、私は民族の自己主張の方法ではなかったかと思っている。それは、後にラテン人に継がれるとき、また右に90度回転しているからである。

ギリシャはフェニキアの文化を模倣して国を起こしているので、フェニキアに倣いをαとし、アルパをアルファと発音する。そしてはベータとなりほぼ現代文字へと完成していったのである。

より完成されたラテン語はローマによって西欧の共通文字として確立された。象形文字の中で神聖文字から発生した文字が、国力の象徴が主神であったように神聖文字の古代アルファベット14文字が決まっていった。

その他の古拙文字の成り立ち

「神ド」△

シュメールでは神は三位一体神であった。∴と粘土板には記号した。それは早い時期にΔとなりそして「ド」と発音した。フェニキアでは◿と変化しギリシャでΔとデルタとなり、ラテン語でDと現代語となる。

「E・エ」

ш は「エ」と発音する。大地から立ち上がるオーラを表すと思われる。不思議な力を表す言葉の頭についている。例えば、Energy（湧き上がる力の源）とかEmotion（躍動）などである。日本語にもやはり入っている。「えも言われぬ」とか「えたいの知れぬ」などである。熊本弁に、何か大きな異変があると「えしれん」といって恐れる。ш はフェニキアでEとなりほぼ今の形だ。

「へガラム神・技術神」

オリエントの神々には出てこない重要な神ガラム神を海洋民族、特にフェニキア人は敬った。それは、技術の神で青銅器や金の細工の技術者には最高の守護神であった。フェニキアのヒラム王はソロモンの神殿建立の際にも、シドンの技術者を大量に派遣した。彼らは神殿や宮殿を銅で葺《ふ》いたし、神像の製作に従事した。また、ケルトの石工の間でも重要な神でもあった。マルタ島を拠点に持つ石工の組織「メーソン」の祭神でもあった。そのガラム神はへの鉤のマークで表され発音は「グ」である。フェニキアはそれをCと丸みをつけた。技術は門外不出のものだったのだろう。ギリシャにはガラム神を教えていないので、ギリシャのアルファベットにＧがないのだ。しかしラテン語は、先ケルトの石工や象眼などの工芸文化をついでいるラテーヌ文化の文字であるから、当然ガラム神Ｇを標記した。

「Ｈ・塀」

Ｈは馬や家畜の囲いを表していてＨとなり、発音は「へ」や「ハ」だ。囲いの塀はシュメールにおいて人民を猛獣たちから守る重要なものであった。町は神殿を中心に城壁に囲われた都市国家とされるが、戦いのない時代から城壁はあった。

「蛇の神・・ジャスラ」

シュメールの神でヘブライ人の中で出てこないもう一つの神がある。蛇の神でジャスラ神で「ジャ」の語源でもある。エジプトでは蛇神は生命を占うという重要な役目を持っていて、二匹の蛇の絡んだ姿がメディスンマン医術師の杖「ジョー」にもなっている。その為に医学のシンボルマークともなっているのだが。シュメールではそのジャスラ神はと右頭で書かれる。エジプトは逆に左頭である。フェニキアでとなりラテン語でｊとなり発音も「ジョ」だが、ギリシャでは、またまたこの蛇神は嫌われ、Ｊの文字がない。メデューサの蛇はどうしてもギリシャには受け入れられなかったのか。また、ヘブライ人たちはＪの発音が出来ず、「ン」に近い発音になる。その為、ジャスラ神はＮ「ん」となっていった。それがキリスト教世界となっていった世界の否定語がＮから始まる言葉となったかともとれる。

「Ｋ・キ」

大地の女神キは、の記号で表す。これは、最も古い形式で何万年も前から女性自身

の形状を母神としてきた。しかしシュメールでは大地から登り来る太陽の後光をイメージしている。それは前述の光の甲骨文字が人形の頭から射す後光を漢字の「光」としたことで言える。フェニキアは90度回転させとし、Kとなっていく。発音は「ク」である。

「Y・ヤ」

同じ神にYがある。ニンキというがこちらは母神ではなく処女神であるが、特に女神の総称として使用される。発音は「ヤ」である。ヤマは大きな神ということになるので山で、山ノ神は女性なので奥さんのことをいうのだ。最初のヘブライ人は処女神信仰を継承していったと思える。それが後のマリア様信仰となっているのだろう。ヘブライのYヤハウェはユダヤの神、唯一神となっていく。

「M・Ψ文字」

地中海のクレタ島を中心に信仰された海洋男神Ψがいる。ギリシャではΨポセイドン神だ。航海の民フェニキアも海の神を信仰した。Ψはフェニキアではとなり「マル」と発音する。は変化しmとなる。海を「マー」というが地中海では「大きい」という意味でもある。エジプトでも大きいことを「マフ」というが、大きい帆という意味から来ている

という。「マ」は大きいことの言葉の頭に付く、Magic や Mega、Max、Mountain、Massmedia などである。Magic は大きいとは少しニュアンスが違うが計り知れない大きさを含んでいること。摩訶不思議の摩「マ」もそれであろう。現在、英語でも男性を Male と書くが、日本では船の名前や闘犬に「丸」を付けるし、昔の武家の男子の幼名にも「丸」を付けていた。

「⊕・卍・S・スワスティカ」

丸に十の字を書き、聖所やパワーを表す記号⊕がある。特に先ケルト民族が好んで使った記号だが、戦いの印や神との約束の地にマンダラとして捧げたりしたのが石に刻んだハイクロスである。また「マルタの十字」というものもそうだが、この印は海洋を渡り薩摩隼人の紋章ともなっている。ネイティブアメリカンもこのマークはスワスティカといってパワーや祈りの印として盾などに書き込んでいた。発音は「スワ」から「シュ」や「シィ」となり、記号が文字化していくうちに卍となり、分解されてʃとなってきた。

旧ドイツ軍はアッシリアの太陽の守護神・太陽にカラスの羽根のマークに逆マンジを入れ力の象徴とした、また、スワスティカの分解型ʃʃをそのまま使いヒットラーの親衛隊ゲシュタポのマークとしている。そして、アッシリアの王がしたようにユダヤ民族殲滅を実行した。

「T・十・奉る」

手の象形文字はであるが古拙文字では十とかく。そして発音は「テ」である。フェニキアではいったん✕となるがギリシャでは十で、ラテンでTとなる。

神を神殿で祀るとき手を合わせたり、拍手を打って祈る。このことを奉るというが、手を合わせることは、十十で表した。シュメール語の発音で「タテ」と言って意味は奉るだ。現代のキリスト教の切手シールにはこのタテマツルが入っていてダブルクロスという。日本には、海洋をダイレクトに伝わり「タテマツラム」とそのまま使っている。ところが、大陸を伝ってくると中国で、十十の上にお宮の建物が乗っかって「奉」となっている。しかし、それは日本には7世紀ごろに漢字として伝来しているので、その時間のずれは2000年に及ぶことになる。

九州天草の下島の本渡《ほんど》町に謎の石板というものが文化課に残っている。それは、「傘十字」と呼ばれる石板で鉤と十字が二つ刻まれているものだ。私は見てすぐにわかった。「ガラム神を奉る」だと。おそらくこの海洋の玄関にあたる天草に、この「十十」の標記がシュメール系の海洋民族によって持ち込まれていたと思える。また、同じ天草市の本渡町の茂木根の横穴遺跡に十と⧖のマガダ紋が無数刻まれていた。後のキリスト教伝来により広がったキリスト教が徳川家康によって弾圧され、この天草島原で天草四郎の下、クロスを旗頭に身を投じて抵抗できたのも、彼らにとって十が先祖代々の信仰であるという信念が、古代からの石板に刻まれていたからであろう。天草から地中海系のペトログリフやドルメンを発見するが、この＋を見たときから私もシュメール系海洋民族の渡来を確信していた。

押戸石山の碑文「大地の神キにナーガとバールの民が奉る」

古代文字対比表

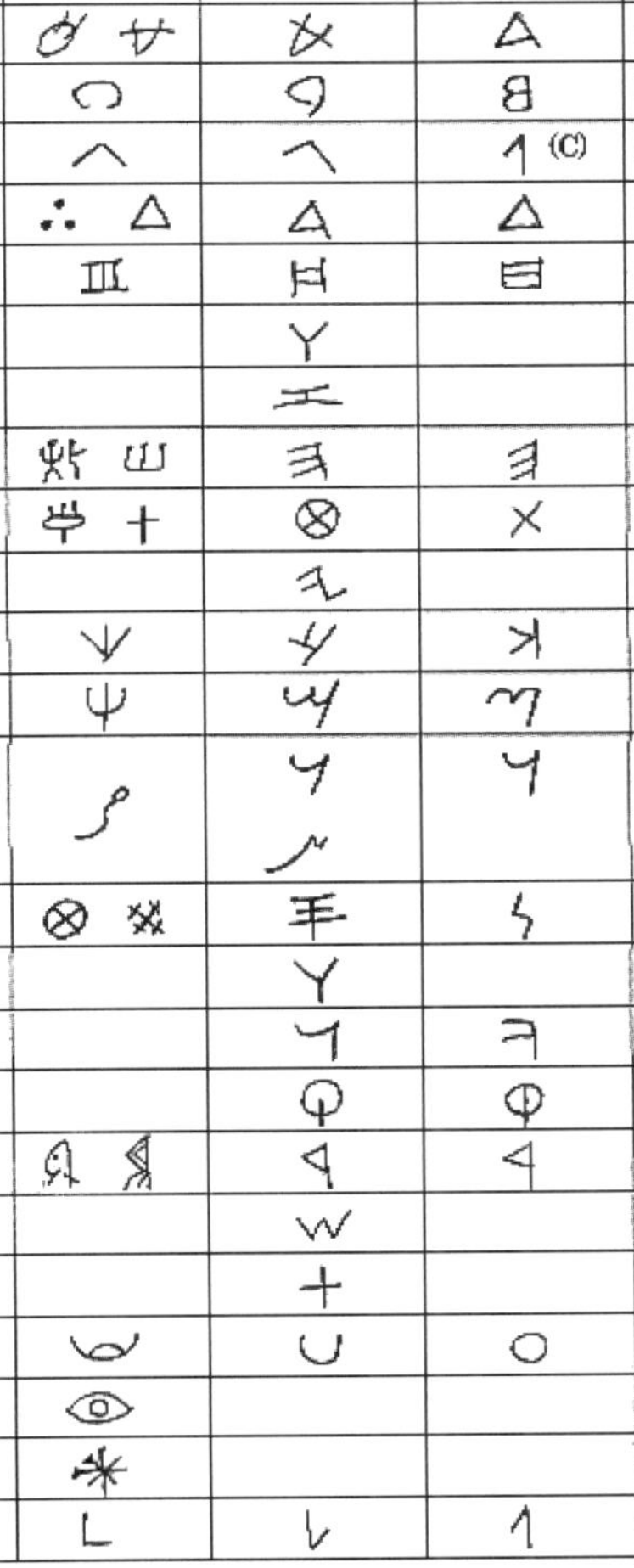

ヘブライアルファベット順	シュメール古拙文字	ヘブライフェニキア前8世紀	初期ギリシャ文字	シュメールの音価と意味
a				alda/alpa　牡牛神・主神
b				beet　神の家・ジッグラトをいう
g			(C)	glum　金属細工の技術神
d				do　神全般を言う・三位一体神
h				hê　馬囲い・塀
w				
z				
e				e / en 神へ叫ぶ人・王
t				te　手　(＋＋で ta/te 来る)
i				
k				ki　大地女神・母神
m				ma/mu　海洋男神
N				nin　処女神・ヘブライ人ではY
j				jdasla 蛇神・ヘブライ語には無い
s				suwa　霊場・力
,				o/u　ヘブライの神 ya
f				hu/ho　火・火をおこす
q				
r				rá　男
sh				si
th				to
				Uto　太陽神
				cên　宇宙神ベル・月神
				dingir　神・天体神・an
l				luu　規範・定規

第二章

先史ヨーロッパ森の民の先ケルトになぜピラミッドが見当たらないのか⁉

森の神フンババ、森の民先ケルト、フェニキア、ドルイドの融合により森の文化と巨石文化が起こされていた……

５０００年前、小アジア・近東から西に古代ヨーロッパの森が広がっていた。そこには巨石と森の文化をもつ先ケルト民族が住んでいた。後にガリア人と呼ばれる民族だ。ギルガメッシュ叙事詩によると「森の神フンババを倒しレバノン杉を手に入れる」とある。その記述は、シュメールに最初に都市国家が生まれるときには、すでに森を住処にする先史ヨーロッパの民族がアナトリアからレバノンにまで暮らしていたことになる。彼らの多くは、アルプスからドイツ、フランスの海岸域にかけて広範囲に多くの部族からなる森の民達で、それぞれの居住は環濠に囲まれ、広場を中心に周囲に住居を配する邑を形成していた。村から村への移動は、森

を抜ける川や運河を刳り舟で移動する水上生活が主であった。そして、多くのドルメン、マウンド（墳丘）を主な祭祀様式にする巨石文化が残された。

　シュメール文明が発生する5000年前頃には、彼ら先ケルト族はいち早く、石器の道具から金属冶金の技術を生み出し、青銅器文化を築き始める。それはダニューブ川を伝い黒海、小アジアへの交易の道を発展させていった。シュメール文明はインダス川文明のモヘンジョダロと並行して発展したが、また、ユーフラテス川の恵みといえるアナトリア高原での金属文化との融合が驚異的な都市発展へと繋がったと思える。アナトリア高原で開花した金属文化ではすでに4500年前には鉄器が使用され始めている。

　エジプトもまた同時に先フェニキア達によって文明の同時発展を可能にしていた。後に、謎の航海の民といわれるフェニキア人の王、BC2000年ころのビュブロスの王イシュバルからシドンのレバノン杉の貿易の時代を経て、ツールの王ヒラムのBC1000年まで、ほんの猫の額ほどのレバノンの海岸の国が世界に覇権を誇れたのは、やはり彼らの狡猾な知恵といつも二番手にいて隣国を立てて成り立ってきた海洋民族の勘のような商才によるものと思える。そして、彼らフェニキア人の航海力はヨーロッパの森の民先ケルトのもつ水上生活から生まれた龍骨を持つ船、構造船の造船技術とオールを背の方向に漕ぐ方法を習ったからに他ならない。

地中海から黒海、ダニューブ川を経て、アルプスのハルシュタット文化は、フェニキア人と先ケルト人とで中近東の戦乱を利用して大きな富を得てきた。しかしBC1000年期はじめには、温暖化は逆転し、リバウンドにより低温化に入っていた。アルプスは雪に覆われ湖は氷つくようになり、ダニューブ川を下り、ガリアの国を平原に建設し始める。カスピ海周辺のステップに住む騎馬民族が彼らと折衝を繰り返しながらも文化の交換を織りなし、より強固な鉄器の武器を作り出し、アナトリアでは世界の鉄器の生産をいち早く始める。ヒッタイト人、アーリア人、スキタイ人はこれまでの青銅の直刀の剣から曲刀の剣を作り出し、より戦闘をスピーディにしていった。馬車の発明はヒッタイトの軍隊を驚異的に強大にし、戦車の発明は戦闘の形さえ変えた。

レマン湖畔のハルシュタットの図

しかし、生産力を失った先ケルト人は、エジプトや中近東の戦争に傭兵としてまた鉱山技師や石工の技術者として係って行くようになる。その工業技術や造船技術は、海を世界へと広がっていったと思えるが、それもフェニキア人との交易があったからだと考える。

ケルト民族のハルシュタット文化が衰退すると、フェニキア人は南アルプスのレマン湖で冶金工業を発展させていたこれも先ケルトの技術者集団を地中海のローヌ川から支援していた。これがラテーヌ文化である。金属加工もより熟練し、象嵌の技術も格段に洗練されていた。この頃フェニキア人は、原料を運ぶのでなく、現地で製品化をしてより効率の良い交易術を体得している。エジプトの窯業をレバノンに持ち帰り、砂漠から吹き寄せる砂の中の珪素を取り入れることで透明のガラスを発明していた。それらの器は、中身がなくても価値のあるギアマンの壺として、いわゆるパレット商法を生み出したのである。ガラスの器に世界の王族は魅せられた。色とりどりのガラスの玉も王族の好みの品であった。このようにフェニキア人が世界に商才を発揮し、物の価値観を新しく作り出してきただ、これらの足元には、実はケルトの技術と金属工業の炉が目の前にあったからだと考えられる。

フェニキアがいち早く先ケルトと交易を開始したことは、その文化の発祥地のハルシュタットやラテーヌの山にフェニキアやシュメールの牡牛神アルパの名前が残されたことに証明される。また、ローヌ川河口の町にはシュメールの女神アルルの名が付いているし、フランスのガロンヌ川のツールーズやロアーヌ川のツールなどガリアの地にフェニキア海都ツールの名前が付くことでもわかる。

因みに、企画された旅行をツアーといい、巡る人々をツーリストいうが、このフェニキアの海都ツールのメルカトル神殿のイシュタル女神を御伊勢参りのごとく一目拝みに行くためのことを言ったのである。その後、エルサレム巡りが起こり十字軍の遠征となり、ツーリストの言葉は今ではバチカン巡りの最初の起こりのことでもあった。

一方、ドイツ南部のホッホドルフにも森と木の文化をもつ環濠住居の民がいた。彼らは永くアニミズムを信仰し、森の木に星々の精霊が降り立ち、人々に豊穰と安寧を与えてくれる妖精伝説を作り出していた。歳の祭りを行い、その祭祀を司るのはすべての長老で最高の博識者だった。彼らは森の賢人ドルイドと呼ばれた。

フンネルビーカー族の神殿

ストーンサークル、メンヒル、オールターストーンなど、先ケルトによる巨石文化の用途とは?!

先ケルトは平原の丘陵にストーンサークルやメンヒル、石板を重ねたケルン、マウンドの支石墓やドルメン、積み石の囲いでヌラーギを作って神殿としオールターストーン（祭壇）をおいて祈りの聖所とした。これらの巨石文化は、一部は墓として先祖を供養するものであることはわかっているが、多くのものははっきりした目的用途はわかっていない。

巨石構造物の多くは、ソールズベリーのストーンサークルのように星や月の運行を観測する施設であることがわかっている。あるスコットランドの小さな村のストーンサークルは、地下の水源を示すものといわれているし、バリーミーノフのスタンディングストーンのように立石の周りで結婚式を挙げるものなどいろんな用途に使用されたこともわかっている。これら巨石文化は、北ヨーロッパから地中海一帯に広がり、特に北欧のものが古く海洋民族が頒布したことがわかっている。

円形か⁉　方形か⁉
巨石構造物は神々の座（北極星）と関係していた⁉

私はこの巨石構造物の用途を考えているうちに、巨石文化に大きく違う二つの形式があることに気づいた。それは、一つはエジプトのピラミッドやシュメールのジッグラトのように方形で出来ているものと、ストーンサークルやマウンドのように円形で出来ているものの違いだ。この円形と方形の違いは何だろうという疑問はシュメールの神々の座を見ることによって解決することができた。

ジッグラトやピラミッドは主神である天神アンを祀るが、それは北極星であり、宇宙に億とある星たちの中で一点動くことのない宇宙の真理ともいうべき北極星を目指して築かれたものであった。

エジプトのギザにあるクフ王のピラミッドには、玄室から一辺約40㎝の四角く開けられたシャフトが北極星を狙っていた。また、もう一つのシャフトはシリウスに向けられていたが。これは、古代の王家は彼岸の日を大歳の正月として祝っていたので、真東を知るということが大変重要な事柄であった。

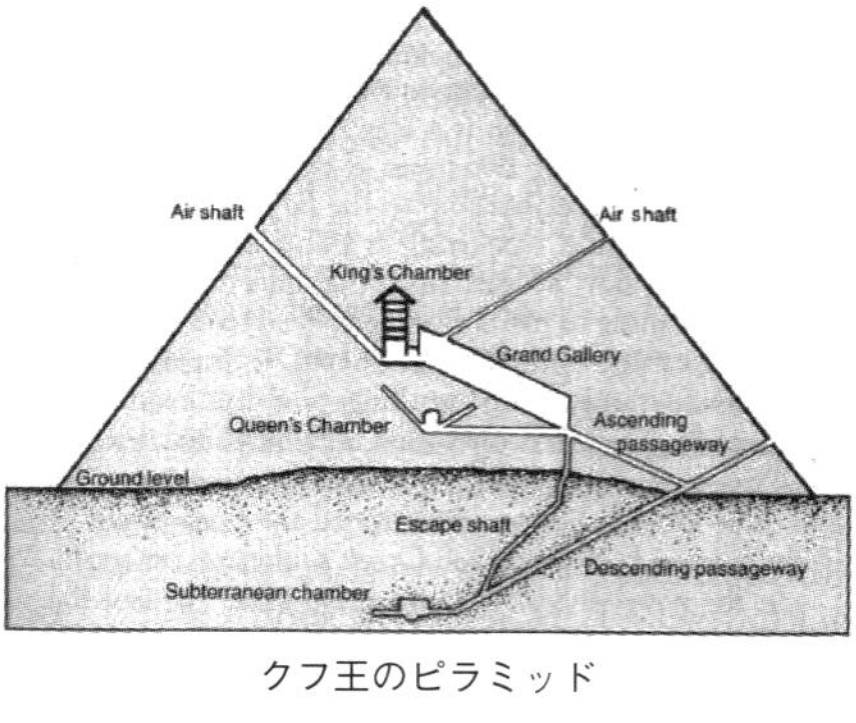

クフ王のピラミッド

その為に、不変の方向を知らせてくれる北極星に方位を付け、90度開いて東西を知るという後方公開法での東西の確認のための施設が必要であったのだ。フェニキア人が文字を90度開いて創ったのは古拙文字が神聖文字であったために神の出る門が東にあるという暗示であったのではないかと考える。とにかく、すべてのピラミッドは北極星に向かって子午線をとり正方形に築かれた。

ところがある時期から、地球の歳差運動によって天の主神であった北極星ツワンが消え去ってしまった。BC2000年頃である。その北極星の消滅のときから、ピラミッドやジッグラトの建設はなくなり太陽神や月神を祀るオベリスクやモスクのような尖塔文化となっていった。

大地母神と宇宙神太陽の結婚による生命創造の象徴か!?　ストーンサークル巨石文化の謎に迫る!?

一方、森の民先ケルトの巨石文化に方形のピラミッドが見当たらないことに気づいた。ソールズベリー平原のストーンサークルは、中央部のトリリトンという鳥居のような三連のドルメンの窓（Roof box）に、東北方面に立つヒールストーンというメンヒルの夏至の日の出の影が差し込むように築か

ヒールストーン

れている。三連のドルメンは馬蹄形に作られていて、大地の母神の子宮をイメージしていると思われる。そこに、ファリックストーン（男根形の立石）の影が差し込む。その陽は夏至という宇宙で最もエネルギーの強い太陽の影である。いわゆる、大地母神と宇宙神太陽がここで結婚し、偉大な神の命を産むという天地創造、古代の命の祈りの場を築いていたのであろう。いまでも、夏至の日には何万人というケルトがここに集まり祝う。また、その中に結婚式を行うカップルも多い。

アイルランドケルトのシンボルマーク三連の渦と円形巨石文化のマウンド

マウンド（墳丘）の代表は、アイルランドのニューグレンジの巨大古墳である。これは直径100mのマウンドの中に約20mほどの羨道《えんどう》があり、奥の正面は数個の玄室に分かれていて、その中央の柱に冬至の日の出の陽がRoof boxから差し込むもの。その最初に陽の当たる場所に3個の渦巻き紋様が刻まれている。その為に三連の渦がアイルランドケルトのシンボルマークとなっているのである。

ニューグレンジ古墳の築年代は何代にも渉っているが、今のマウンドとなったのはBC2700年頃とされる。しかし私にはもっと古い時期に建造を始めていると思える。それはBC2700年といえば龍座のツワンが最も輝いていたころで、北極星をどこかに記録するのではないかと考える。それはマウンドの基底部の下部層に小型のストーンサークル（直径2・5m）が元々作られていたことによる。そのサークルは、前述の熊本県大津の無田原遺跡の三連のストーンサークル（P300写真参照）とよく似ていて、無田原遺跡のストーンサークルの年代はBC8500年のものであるとのことだ。

マウンドの古墳を墳墓と考えるのは至極当然のことと思う。冬至の太陽はもっとも低くエネルギーも小さくなって消え入るかのようであるが、その冬至の一日を過ぎると新たなエネルギーを漲らすように徐々に明るく大きくなっていく。

古代王族の死に際し、再び新しい命を授かるよう子孫の繁栄を祈願する祈りの場をここに見つけることができる。

エジプトのナイル川上流にあるアブシンベル神殿は円形ではないが、磨崖に彫られた冬至の日の出方向に開口する遺跡である。エジプトの地平線から登る太陽は、崖の中腹にある神殿の天井を照らす。三枚の天井を段々に照らした後、正面のファラオの玉座と太陽神ラーの玉座を同時に照らす光に包まれると、それによりラー神とファラオは一体となるというわゆる秘儀を行い永遠の生命を授かろうとしていた。

アブシンベル神殿

妖精の棲家⁉　謎の北欧ドルメンとフンネルビーカーピープル

ドルメン・支石墓は、蘇我馬子の石舞台のように巨大なものから、スコットランドや九州の島原や熊本北部で見られるような小型の亀の子ドルメンといわれるものまである。世界で最も古いものはデンマークの「ハンのベッド」と呼ばれるもので、約6m大のドルメンでBC4000年頃のもといわれる。これらの巨石文化はスウェーデンやデンマークなどの文化庁は、船に乗ったビーカー型の土器を持つFunnel Beakers Peopleが東方よりこの文化を伝えたと説明する。また、スウェーデンにも多くのドルメンがあるが、それらの1500基もの遺跡はやはり東から船に乗った「フンネルビーカーズピープル」らによってもたらされたとされる。

フランスには、フランス型という独特のドルメンがある。それは巨石を方形に削って組み上げるドルメンで自然石そのままではなく規則正しく組まれている。おそらくはドルメンの上はマウンドに覆われていたも

Sweden に BC.3350年頃に東方より到達して国内に約1500基もの巨石遺跡を残していったとされる、The Funnel Beaker People のドルメン。
ヨーロッパで発見されているものでは世界最古である。

のが、土が剝離し玄室がさらけ出されたものではないかと思える。

しかし、森の民の祭祀に、ドルイドが磐座の上に乗り神聖なる樫の木の宿木を金の鎌で刈り取る行事があるが、そのドルメンは祭壇石ともいえるほど方形にきれいに整えられた磐座になっていた。中世、森の中でこれらのドルメンが多数発見されたが、人々はこれを妖精の棲家と考えていた。

一年を四つに括る森の民ケルトの四大祭り、バルティナ祭、ルナサ祭、サーウィン祭、インボルグ祭

先ケルト民族は、万物に神が宿るアニミズムの思想を持っていた。その多くは太陽が沈むと地中や森から湧き出てくるエルフやニンフであった。彼ら妖精たちはマジック（魔法）で人々に幸せをもたらしたり、災厄を負わせたりもした。また、大宇宙から星々となって森の木々に依りつく宇宙神の豊穣信仰もあった。

祭りのイヴに太陽が沈むと祭りの一日の始まりである。しかもその日の太陽は特別な太陽の陽の入りで、それは夏至の日、冬至の日、春秋の彼岸の年4回の太陽であった。一年

を四つに括る祭りがケルトの四大祭典といわれる、バルティナ祭、ルナサ祭、サーウィン祭そしてインボルグ祭である。

では、今の祭りと四季の違いは何だろう。

地球は歳差運動を行っていて、2万6000年周期で揺れている。これは1万3000年で地球の四季の逆転を行っていることになる。

すると今の夏至とルナサ祭を対比すると3250年前が今の暦と夏至が一致する。もしくは9750年前である。後者の頃に北欧に進出したラピュタと北欧の森の民が同化しアニミズムの祭りを興していたら、水を祀る祭りから一年を始め、大地と宇宙、そして祖先を大事にするケルトの祭りは、まさに万物に魂が宿るアニミズムの世界を体現していたのである。

バルティナ祭（Beltine）

5月1日に行われるバルティナ祭は、祭神は宇宙神ベル（ベレイノス）と森の祭りで、月神ベルに供犠を捧げ、宇宙からの豊穣を願う祭りである。祭祀場は聖なる丘の上だ。

祭りの前夜に村の娘たちが集められ、ケーキを切り分けて食べるが、そのケーキの中にコインが仕込んであって、そのコインを引き当てたものが今年の祭りの祭司となり、祭りを取り仕切るが、その娘はメイクイーンと呼ばれた。祭りの準備に色とりどりの布が織られるが、バルティナのメインカラーはグリーンである。また、供物として捧げられる野豚が狩られた。

ケルトの祭りには、決まった仕来《しきた》りがある。それは、祭りの前の満月の夜に、村の近くの森に入り、その森の中の一番大きな樫の木の下に供物を捧げる。供物はりんご、パン、ミルクなどである。そして、木々の間より垣間見られる月にひざまずき祈りを捧げる。しばらく低頭して一時の間待っていると、それまで、ずっと梢に吹いていた風が突然森の中をザッと吹きぬけていく。それは龍神が森を走ったということだそうだ。すると神の許しが降りたとばかりに、その木に登り「3本の枝」を落とし、それを葉ごともって帰り乾燥させ、祭りのご神火の薪とするのだ。ケルトでは3という数字は神の数字と敬われていて、三位一体の思想がある。また、ケルトは奇数の数字にも神がいると考えている。

祭祀には、マンダラとしてサークルが描かれるが、中心から4歩反対方向にも4歩の直径9歩の円をひき、東西南北にも線を引く。中心には、石の祭壇があり、供物の野豚の丸焼きとブルーのグラスにワインが捧げられ、大きな鍋に蠟燭がともされる。祭壇は花の咲く蔓などで飾られる。

サークルの東方には香を焚き、南には満月の夜に刈りとった樫の木の薪を設える。西には、グラスに聖水を張り、北には塩を盛って準備をする。

祭りの開始は、村人が祭司のメイクイーンを先頭にマウンドを東から時計回りにサークルを3度廻る。このときは鐘や太鼓のお囃子付きでにぎやかに大人も子供もいっしょに歩くが、廻り終わると人々はサークルの周りにひざまずく、ただし東と北の間には入ってはいけないという。それは北東の方向から神が降りてくる場なのでそこには人は入れないといわれる。また、祭司がサークルに入るともう誰もしゃべったりすることはできない。それは、祭祀中に物音を立てると降臨中の神が帰ってしまうからである。

祭祀の開始は祭司がまず、祭壇にひざまずき韻を踏んだ美しい詩を歌い、唄が終わると東方の神に香炉を振って語りかけることから始まる。すると、煙の中から神が現われ、祭司との対話が始まる。次に、南の薪に太陽から採った火を点火し、貯めておいた樫の葉を護摩木のようにくべ火力を強くする。西方の聖水は、西からやってくる魔物の退散を願ってこの聖水を大地にまく。魔物は西からやってくると思われている。最後に北の空に願いを謳い上げ、塩をまいて結界を清め、神との対話は終了する。そして、祭司は手にもつ樫の木のスティックをからだの前で、縦斜め斜めと三度手刀を斬ってサークルの結界を解く。

そして神事は終わり、祭りと祝宴が始まる。

ケルトの祭りは、子供も大人もいっしょに騒ぎ楽しむ力相撲や一年の安泰を願う火渡りがある。力相撲には、大きな丸石を抱え首の周りをぐるぐる回す石相撲と長い大木を遠くまで投げて距離を競うもの、そして裸で組み合い、投げ飛ばして膝を地につけた方が負けという力相撲がある。

火渡りは、二つの大きな焚き火の間や火の上を東から飛んだり潜ったりする火渡りで、災厄などからの安寧を祈り、また、牛を引いてきて子孫繁栄の祈願にも使った。

バルティナ祭は、特に村娘の参加が多く、祭司のメイクイーンもそうだが、木にリボンを括りつけその端を一人ずつもって、音楽に合わせてステップダンスみたいな踊りでリボンを組み上げていくメイダンスといわれる催しもある。これは、ケルトのシンボルである組みひもやキルトの柄の組み方などを祭りの中で伝承するものと考えられる。また、娘たちは祭りの終わる日の出前に、真綿を持って森に行き木の葉の朝露を集める。この朝露は「デュー」といって命の水また若返りの水として化粧などに使った。

祭りの食べ物は、村で炊き出しをするのだが、神事の供物の野豚やパンを皆で分かち合うのが仕来りで、その供物の食べ物をFeastといい、宇宙神ベルの下で分かち合うことから、祭りのことをフェスティバル（Festival）と呼ぶようになった。

ルナサ祭（Lughnasadh）

8月1日に行われるルナサは、太陽神ルー（Lugh）に新穂を捧げ豊穣を祈願する祭りである。この祭りは一族の祭司であるドルイドが執り行う。

祭祀を行うマンダラ等の設えはバルティナとほぼ同様であるが、ルナサのメーンカラーはオレンジとブルーで祭司や男子は顔などをブルーの顔料で化粧する。だが、顔全面ではなく一部にカラーを斜めに入れたり、半面だったり思い思いの化粧をしていた。また、オレンジやブルーの旗やのぼりが各所に掲げられる。

祭りの神木である樫の木は、やはり前の満月の夜に近くに森の古木から3本の枝が採取され神事の薪として準備される。また、供物の野豚も狩られるがルナサには、コーンパンが焼かれ供され、それに、大鍋にオレンジ色の蠟燭が準備されブルーのグラスにワインも供えられる。大鍋はダグザ神のシンボルであり、ダグザ神は命を司る神で、英雄の命を再生させたり奪ったりする神で大槌を持った姿で表されている。

祭りは、東からの三度のサークル周りから始まり、火渡り相撲、音楽や踊りと一晩中飲めや唄えのお祭り騒ぎが続き夜は更けていく。

サーウィン祭（Samhain）

11月1日の祭り、ケルトの祭りはイヴの日の入りから始まるが、10月31日のこの祭りは今ではアメリカで根付いてハロウィンの祭りとして生きている。

そこに出てくるハロウィンのお化けは、実はケルトのエルフやニンフと地下の神シーが送り出す英雄の死者の霊魂を表現しているのだが、日本の裏盆会のような祭りである。今日のキリスト教の世界では、それらは醜いお化けであり闇の世界から輩出してきた魑魅魍魎の魔物ということだろう。それでもアメリカ人たちは自らお化けに扮し親しく扱う祭りにも見える。

サーウィン祭は、祭りの準備が少し違って、満月の森の行事はない。そして、祭壇はなく大きな焚き火が準備される。祭りのメーンカラーは白と黒。祭祀は真夜中に始まるが、サークルの中心で焚かれるご神火の焚き火の回りを「バーンウィッチ　バーン！」と大きな掛け声をかけて踊りながら廻る。大きな声で叫ぶほどエルフやニンフ、お化けたちが多く出て

くるという。

しかしこのハロウィンでの掛け声は「魔女を焼き払え！」ではないか。これはおそらく中世にキリスト教会の力が強くなり魔女狩りが横行していた時に、祭りの存続を考え作り出した延命策であったのだろう。彼らケルトの妖精を自分たちが焼き払うはずがない。

そこに集まった者たちは、黒装束や黒布を頭からかぶり、顔は黒の墨を塗ったりしていて、ひとしきり焚き火の前で騒いだあと、その格好で村に帰り、各村の家々をそれぞれに回り戸口でご馳走に与る。村では、それぞれご馳走を作りお菓子を焼いて準備し祭りを祝った。この祭りはケルトの正月といわれている。この日を、月齢に直すと、12月20日頃になるので、この祭りは、古代には冬至の日に行われていた正月の祭りだったのだ。

これを見て思い起こすのは、日本の「なまはげ祭」。これによく似ていると思った。

サーウィン祭のもう一つの仕来りに、祭りの前、近くの川原に行き、手のひら大の平べったい石ペブル（丸い小石）を拾ってきて、それに我が家の家紋やシンボルの動物の絵などを書き込む。そのペブルを祭りに持って行き、焚き火の周りを踊りながら、焚き火の中に投げ込む。翌朝、そこに戻り、焚き火の起き火の中のその自分のペブルを捜すが、もし、それが割れていたら、その石が一年の災厄を身代わりに持って行ったとされる。これにより災厄から免れることができると言われ、その石を持って帰り、大事に神棚に祀っておくという。

インボルグ祭（Imbolgh）

2月1日の泉や水の祭りで、地下の神シーの三人の娘ブリギッドを祀る。この三姉妹の名前は三人ともブリギッドで、いわゆる三位一体神である。

この日は、井戸や泉の湧き水を祭るのだが、ケルトは不思議な価値観を持っていて、井戸や泉の底に戦利品の黄金の兜や刀剣、鹿の角（ケンヌノス神）などの財産を投げ入れてしまう。これは、地下の神シーへの信仰の大きさの顕われであろうが、今日の私たちには計り知れないものがある。近年では、泉の周りに自分が身につけているもの、例えばハンカチやスカーフなどを周囲の木々に括りつけお参りすると、眼が見えるようになるなどの迷信を信じてお参りしている。どこか足手《あしで》荒神様《こうじんさま》に似ている。

また、ローマのトレビの泉に後ろ向いてコインを投げ込むと再び訪れられるというような謂われを残すのもケルトのインボルグ祭の名残だろう。イソップ童話に、沼に斧を投げ込んでしまい困っていると、沼の女神が出てきて「貴方が、投げ込んだ斧は、この金の斧ですか、銀ですか、鉅ですか？」という件があるが、あの女神がブリギッド女神なのだ。フランスにブリジット・バルドーという有名な女優がいたが、その名も同じブリギッドのフランス名で、その先祖はフランス・ボルドーにいたガリアの祭司の家系の娘であることがわかる。

日本に残るケルト的習慣と伝承、世界に散ったケルトの足跡について

ケルトの神への信仰

先ケルトの神への考え方は、神は高みに居て、尖った山や尖塔の先を依代《よりしろ》としているというものだった。また、深い洞穴や井戸にも神が宿っていると考えた。

小高い丘には、メンヒルを立て神の依り代とし祭祀場とした。また、戦いの前にそこに集まり刀をそこに突き立て刀剣に神が宿ることを願った。アーサー王の神剣エクスカリバーがそれである。

ケルトのハイクロスはそれをモチーフにした立石でキリスト教のクロスより遥かに年代は古い。そういう丘の近くには水場があり、ストーンサークルはそれを祀ってあったと思われる。聖なる水を頂くという精神の表れであろう。さらに神の居まします要素として高

い丘や高い木、深遠な森と泉をあげ、こういうところに聖所を築いていた。

日本でも、古代より高みを奉り山の神と崇め、その下に広がる森は神庭であり、杜と言った。その裾野からは岩清水が滾々《こんこん》と湧き出る。その泉に磐座を置き、磐境を築いて、大宇宙から頂く大切な水を祀るという古神道の形がそこにあった。

ケルトの伝説には、巨人伝説がある。丘に描かれた白亜の巨人ケルン・アッバスが有名だ。日本にも、ダイダラボッチという巨人伝説がある。

それと対照的に小人もいる。七人の森の小人のように、森には洞窟に住む小人の妖精がいたが、日本には、小人コロポックルという洞穴人伝説がある。さきたま古墳の吉見百穴などがそれといわれる。

森の神ケンヌノスという鹿の角を頭に生やした神がいる。舟に乗って現われる神で、胡坐をかいた像で描かれている。日本も同じように胡坐をかく民族で、鹿は神の使いと考えていて、各地の神社で鹿を飼っているところがある。

森の神ケンヌノス

ダグザ神（Dagda）

生死を司る神にダグザ神がいる。大槌でたたいて死へと葬り、大釜の湯につけて生き返らせるという神だ。

熊本県の城南地区に木原不動さんという古社がある。正月に氏子が白装束で火渡りをする宮で有名だが、その火渡りは熾火を10ｍほど広げ、素足で走るが、その中央には高さ3ｍもある3本の柱で足を組み、その上に湯の入った大釜が乗せられている。その下を潜るという行事である。

本殿では、神主が参拝者に鎌の湯を榊の枝で振りかけ、延命長寿の祈願にこたえていた。これはケルトがダグザ神の祭りをしているのではないかと思ってしまった。本殿の奥には不動明王の像がこちらを睨みつけているが、その不動明王こそダグザ神の姿ではないのか。手にはケルトの直刀剣を持っ

大分中津市雲八幡宮

熊本城南町木原不動尊

ているし、左手には勇者の綱を握っている。

勇者の綱は、ダブリンの中央郵便局のロビーにあるクーフリンの死に際の像に、クーフリンが身体を支えるため腰を木に巻きつけている綱である。ケルトの戦士は素っ裸で戦い、死んでも大地に横たわらないことを誇りにするため、死に際に自らを立ち木に括りつけ、立ち往生をするという死の美学をもっているのだ。その為に裸でも腰には綱を締めている。

ダブリンのクーフリンの像

弁慶の立ち往生は有名だが。弁慶も背中の行李に大槌を入れているし、大男であった。彼もケルトの戦士だったのか。そして源氏一族の戦いでは敵将の首をはねて持ち帰るというケルトの戦いと同じ習慣があったのだ。

先ケルト族は、少なくともウルム氷期の後期、前2万年頃には小アジアの中原から黒海周辺で狩猟採集の生活をしていたと思われる。彼らは動物の骨で作った女神像のタブレット（ルーマニア出土）を持っていて、それに渦巻き紋様と三角の連続するメイズ模様を考えだしていた。彼らは、約6000年前頃から民族の移動を始め、西行と定住を繰り返したと思われる。その民族の放浪の記憶を渦巻きの紋様にしたという学者もいる。

彼らの王家の祖を、小アジアにいた王グレートザ・コナンといい、その子英雄ハンノ、その子ヨノンとしている。南ドイツのケルトの遺跡のフォッホドルフに、「ハンのベッド」という古墳があるが、ドイツだけでなくデンマーク、オランダ、スウェーデンにまで「ハンのベッド」というドルメンなどの遺跡が数多く残る。しかし、ブリテン島やアイルランドではその名の遺跡はあまりないが、ダブリンの英雄クーフォリンは太陽神ルフの子であるハンの子となっている。また、ハンスという名は、ドイツ、デンマーク、オランダに多く、日本の太郎に比較されることでもその名への愛着が分かる。

現在のケルト族は、アイルランドの一部とスコットランドの少数の村に残っているだけだが、ローマ教会の勢力がヨーロッパを覆う前には、スコ

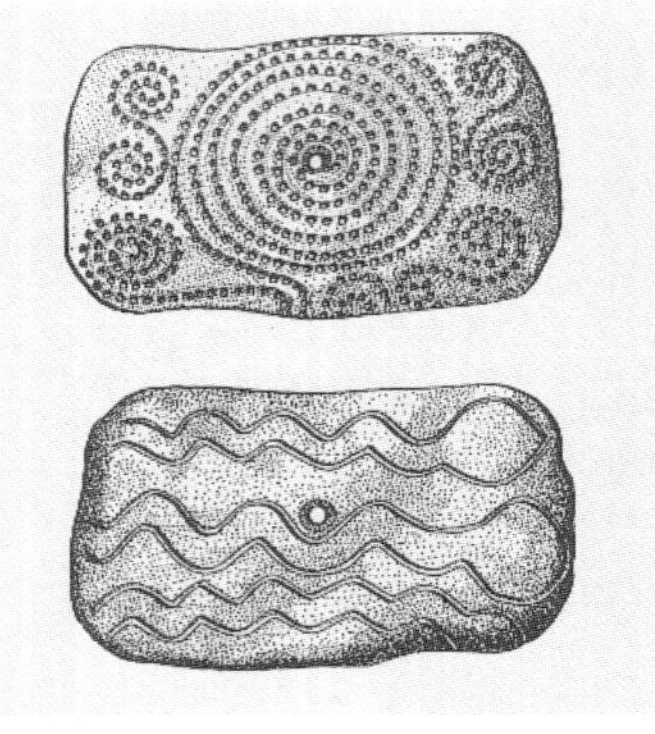

シベリア・イルクーツク近郊で発見された螺旋紋様と三体の蛇のタブレットでBC.25,000年前のもの。

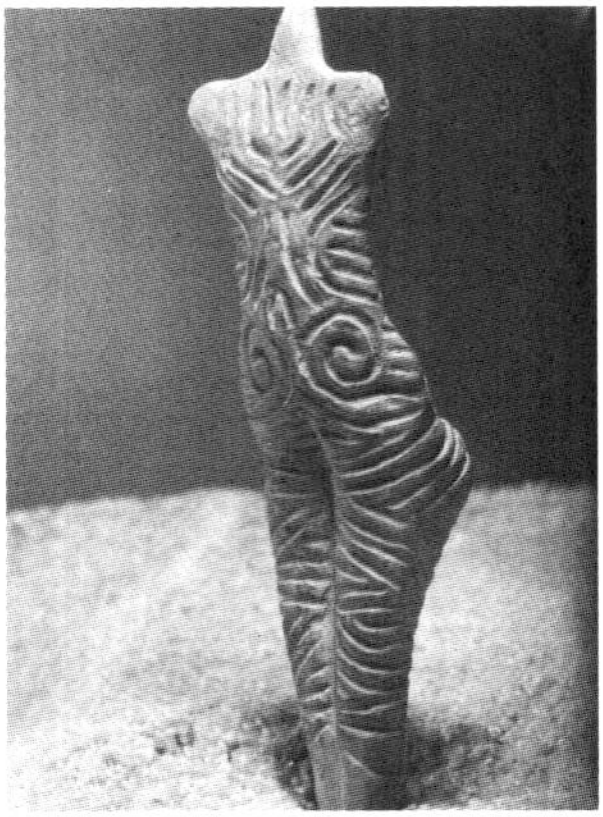

チェコの女神のタブレット

ットランド、ブリテン島には、ピクト族が定住していたし、アイルランドには南西の海から先ケルトが流入してケルト神族としてやはり定住していた。そして、巨石文化を築き、その足跡を残している。

スコットランドのピクト族はBC2800年頃に北東方から舟で到来するビーカーズピープルと融合しながら独特な文化を育む。彼らは、全身に見事な刺青を入れていた。そして、石にペトログリフを刻み、組紐の柄や動物のメイズ模様は彼らの文化であり、見事な絵柄をデザインし絵をかく。その彼らの模様をピクトの絵「ピクチャー」と呼んだのだ。

総身刺青のピクトの戦士

戦いには、剣を丘の上に突き立てて、衣服を脱ぎ捨て裸で向かい、敵の首を狩るのは彼らの習慣である。また、弓の名人が多く、フランス・ブルゴーニュのガリアと常に争いをしていた。

第二次大戦が終結する1945年8月ドイツ・ポツダムのツェツィーリエンホーフ宮殿で記念写真をとった英国首相ウィンストン・チャーチルが、勝利のVサインを作ったのは有名な話。実はこのVサインは、ピクトケルトがフランスガリアに捕まると弓を射られないように人差し指と中指を切り落とされたことに由来するという。だから戦いに勝ったピクト族は人差し指と中指を突きたてて、勝利を勝ち誇ったといわれているのだ。チャーチル卿はそのサインを示したのだとある記事に書かれていた。

英国ビクトリア王朝がローマ教会と締結してキリスト教を受け入れるまで、ブリテン島のケルトは英国初代の王アーサー王の民と考えていた。伝説の父王はドラゴンでその子アーサーは、森の中のドルメンに突き立てられていて誰も抜くことのできなかった怪剣エクスカリバーを見事に引き抜き取り、名実共に英国の王となった。そして、ヨーロッパ諸侯の集まる円卓会議をキャロット城にて行うこととした。それは、AD500年頃の話で、ケルトの持つ悠久の歴史を考えると、あまりにもギャップがあり過ぎる。これも、ローマキリスト教会に遠慮した彼らの伝説話の神話ということだったのだろう。

実際には、ラテーヌやエトルリアのケルトや地中海のケルトが、トルコやアッシリアに追われイベリアを経由し、アイルランドやブリテン島に到達したケルトが先ケルトである。その後ローマ帝国に追われたカルタゴもまたアイルランドに到達した。カルタゴは、フェニキアのヒラム王に迎えられたケルトの戦士団で、ツールの都を守っていた。

BC300年アレキサンダー大王が6年かけても落とすことのできなかったツールの都は、アレキサンダーの卑怯な策、それはイシュタルの神像をメルカトル神殿に奉納するので海に道を作らせてくれという申し入れだったが、それを受けてしまったために攻め込まれツールは陥落する。その後、ツールのカルタゴ戦士はリビア、スペインと今度はローマに追われてアイルランドの地に辿り着く。が、彼らはまた、大英帝国から逃れて新天地アメリカ東岸に古代海都ツールを再建することとなる。アイリッシュ・ニューヨークの誕生である。

地中海に移った石工のケルトは、秘密組織化した一方で、宇宙神ベルのマークを自らの証として刻んでいった……

ＢＣ２０００年を過ぎる頃、ハルシュタットからダニューブ川を下り、黒海、トルコを経て、地中海にもケルトの一団が進出してきた。

これはミノア文明からミケーネ文明を裏から支えた石工と技術者の一団であった。ヒッタイトやイリュリア人と同化しながら、彼らの本体はマルタ島に拠点を置き、徐々に秘密結社化しながら、地下へともぐっていった。

それは、諸侯王族に依頼される仕事が王家の威信に係ることが多い墳墓や神殿建設の仕事が多かったからと推測される。

先ケルト民族は森の民でありながら海洋民族といわれるのは、森の中の環濠に住み、川や運河を舟によって移動する水上民族だったからである。さらに黒海から地中海に出てフェニキアと共に造船技術を発揮し、航海の足を延ばしたことにもある。早くにバルト海に到達しスカンジナビアのリアス海岸を拠点にしたヴァイキングも、また先ケルトの末裔たちである。構造船はケルトの技術を継承しているが、ヴァイキングたちは、シュメール系フェニキア人との出会いがないため三角の帆を持つことがなく、オールでの航行のみとなった。

ケルトの最大の業績は、竜骨を持つ構造船の発明にあるといわれる。そして、進行方向と逆にオールを漕ぐ方法もケルト式である。

このケルトの戦艦がガリア船といって、アカシアで出来ている平底のエジプト船とは比べ物にならないくらいに強かった。直径2mもあるようなレバノン杉を龍骨にしたガリア船はアカシアの平底のエジプト艦隊など一瞥もなく、横から体当たりをすると一瞬にして

拝み石山遺跡のベル神

撃沈させることができたからである。

マルタ島のケルトの石工たちは、エジプトや近東の王族のピラミッドや墳墓記念碑の注文がなくなると、神殿や神像の建設に雇われていったが、エルサレムのダビデの神殿やソロモン宮殿建設に際しては旧約聖書に「鑿ツチの音はなく……」とある。あの８年半にも及ぶ建設をそのような表現をするということは、神殿を造るものは我であり大工ではないという権威のようなものを感じるのである。故に、大工や石工は陰で支えていくことの重要さを知っていて秘密化していったのであろう。しかし、石工のアイデンティティは建設したピラミッドの頂上石にくっきりと残してきたのである。それは、彼らの主神である宇宙神ベルのマークである。刻み残したそのマークは、目玉の形をしたベル神のマークだった。

フェニキア人の知恵

地中海を中心に商業活動をする海洋民族が現われたのは、ＢＣ１８００年頃で、カナン地方のビュブロスという港町に非常に賢い民族が現われた。

アヒラムを王とするフェニキア人で、最初はレバノンの海岸で採れるミル貝から抽出した紫の染料で紫の布を作ることを発明した。その紫の布はエジプトでは高貴な色として貴重品として高価で取引され、フェニキアは財を得た。そのお得意先に必要なレバノン杉やそれから摂れる香油をエジプトの王族にも売り、またもや莫大な利益を得るのである。そのほか舟に必要な綱やタール、贅沢品のラピスラズリやガラス工芸品、それとピラミッドの玄室を飾る朱の原料の硫化水銀は最大の商材だったのである。

フェニキア人は、その産地からタルシシ船で産物を持ち帰っているが、その航路の先は旧約聖書エゼキエル書にも載っていない。ただ、太陽が北を通るという南半球から帰ってきたことを表す航海の描写はあったが。産地とテリトリーを明かさないことは商業民族にとって重要な事柄だった。仲の良いギリシャ人にさえジブラルタルから先はとても恐ろしい地の果てであるという噂を流布し、ヘラクレスの門として封印した。その一方で、自分たちはコンゴの金や銅、象牙を持ち帰っていた。

ヒラム王は、ダビデ王に神殿を創れるのは自分たちだけであるということの情報を早くから親書で伝えていた。

ダビデ王は自分がエルサレムに神殿を建てるのには、あまりにも多くの戦いに染まり過

アヒラム王の石棺

ぎて相応しくないと考え、息子ソロモンに提言する。「神殿の建設はツールのヒラム王に依頼せよ」と。ソロモンはいわれるままヒラムに神殿建設の依頼をした。8年もかかる壮大な計画であり、国家予算をそのままヒラム王に支払うような途方もない契約だった。

ソロモン王の知恵

知恵の多いヒラム王と契約したソロモン王は大変な思いで神殿建設に就いたと思われるが、彼はフェニキアのヒラム王に支払う対価を得るために、フェニキアの船タルシシ船をフェニキアから借りて、インド交易路を作ったと旧約聖書に書かれている。しかもフェニキアのクルーやスタッフまで付けていたという。それはヒラム王の親切なのか、あるいはソロモンを監視するための策なのか。とにかくフェニキアに船を貸りているソロモン王の商隊はフェニキアのテリトリーである地中海には流石に足を向けていない。それはギリシャなどでもソロモンは伝説の王としてあまり実態を伝えられていないことでもわかる。

エゼキエル書には、インド航路から献上されるソロモン王への献上品は、孔雀、スズ、ゴム、絹布などあり、インドから東方のものばかりであるが、ソロモン王もフェニキア同様インドから先の産地のテリトリーは明かしていない。

しかし、フェニキアのタルシシ船は地中海のシドンでレバノン杉を使って造船されていたが、ソロモンはそれをアカバの港に集結させている。アカバは、エルサレムに最も近い紅海の奥にあるシナイ半島東部の港であるから、その港がソロモンの港として繁栄することになる。しかしソロモンは、地中海のタルシシ船をどのようにしてこのアカバまで運んだのだろうか。

船材のレバノン杉はレバノン山脈から切り出し、ツールの近くの河口に集められシドンの造船技師が建造にあたっていたが、ソロモンはそのレバノン杉をアカバまで運んだ。その当時スエズにはまだ運河は当然ないが、しかしスエズは大ビター湖近くまで地中海の海が入っていた。スエズまで僅かな距離も川が航路となる。そのため彼らは容易く紅海までレバノン杉を運べた。今日、スエズに運河を作り船そのものを運ぶという知恵はソロモンの苦肉の策の賜物であったと言える。そして、イスラム教徒がインドネシアに多いのもこのソロモンの交易路が紅海、ソマリア、イエメンを通って海流により直接インドネシアに到達することでもよくわかる。

ソロモン王の知恵は世界に名を馳せていた。あのシバの女王でさえその知恵に与りたく貢ぎ倒している。そのソロモン王の知恵とは何であったのだろうか。

ソロモン王は、シュメールの初代の王ギルガメッシュ王を一族の祖王と考えていた。それはユダ族のソロモンがギルガメッシュの獅子の紋章を掲げていたことにもある。そして、ユダ族はヤコブの子12支族の1支族でアブラハムがシュメールから逃避してきたヘブライ一族である。そのヘブライ族はシュメールウルのジグラットの上で星を読む占星術師であり、グデア僧侶の末裔たちであった。そのアブラハムの祖父ヘブルに因む名が一族の名となっているのだが、そのソロモンは、シュメールの王家に伝わる秘儀や天文学、暦、占星術、数学、幾何学、歴史学などすべてを会得していて、いろいろな奇跡を起こして見せたと思われる。

日蝕を予言したり、彗星の出現を予言するというようなことは朝飯前だったことであろう。これらを聞きたいために諸侯が世界中から高価な土産をラクダに乗せてエルサレムのソロモン宮殿に献上し謁見を望んだ。エルサレムの神殿は宝の山に溢れていた。その財宝を管理したのはソロモンの大蔵省というトミ一族であった。

ソロモンの七枝樹

ソロモン王はギルガメッシュ王を祖王としているが、ギルガメッシュ王は牡牛神ルガルバンダ王と女神の子で半神半人の王

Tigiri の粘土板

であるが、その出自の証を円筒印章に残し、その印章によって描かれる粘土板の護符は、地上では誰も贖《あがな》うことのできない最高の護符であった。

それは、神々の「チギリ」を表していて、「ウブイニン」と呼ばれた。チギリとは神々の結婚を意味していて、シュメール語で約束という意味である。

また、Ub I nim とは「イ＝5とニン＝2のウブ＝お見合い」という意味で、牡牛神と女神の間に描かれた七枝樹に表されている。その樹はシュメールの最初の丘に宇宙より降った種が生やした宇宙豊穣の樹として崇められていた。

さらに、2の数詞は平等、均衡などを意味し、宇宙の均衡である彼岸を重要視したこともあるが、シュメールのレリーフには三位一体の三角を二つ重ねることにより表されている。そして、5の数詞は、円の中に出来る黄金分割比の正五角形を表す。これは、頂点を一度も重ねることのない黄金分割比の渦、いわゆる宇宙の渦を意味し、大宇宙創成のエネルギーを表したものである。2は愛と平等のシンボルで、5はペンタズムというパワーや暴力、力の象徴とし、2と5が合わさって宇宙すべての豊穣を意味したの

である。

それこそが七枝樹の真理であるため、アッシリアの王達もそれは世界樹として継承しているし、ペルシャでも世界樹の葉は魔法の葉として探されてきた。

ソロモン王は、神との契約を確かなものにするために、七枝樹を七つの燭台「メノーラ」とし、アカシアに黄金を貼り付けた聖櫃に収めエルサレムの神殿に安置した。

ソロモン王に献上されたケルトの相撲と日本の相撲

ダビデ王はヘテ人（ヒッタイト人）の戦士ゴリアテと一騎打ちの末に打ち倒し、イスラエルの国土を得た。エルサレムに都を置いた。それによりカナンに平和が訪れた。

まだエルサレムに神殿がなかった頃である。

ダビデに傭兵として雇われていたケルトの戦士は仕事がなく力をもてあまし、まさにトラブルメーカーとなろうとしていた。そこでダビデは考えた。彼らケルト兵は祭りには裸で力相撲をとっているので、その相撲による戦士の戦いを競技として、息子ソロモンのために見せようとしたのである。優勝者には栄誉を与え、褒賞を惜しみなく出した。そしてケルトの戦いの習慣に合わせてルールを作って、彼らを喜ばせたのだ。

ケルトの戦士は、戦いに際し、丘の上に剣を立てて逆鉾にする。そして衣装を脱ぎ捨て裸になり勇者の綱を腰に巻き戦いに出て、死に際しても土のつくことを嫌った。そして祭りのマンダラとなる土俵を作った。

その土俵は9歩で出来るサークルで、東西南北を清め祀った。東に香を焚き、南には樫に神木、西には聖水、北に清めの塩を盛った。祭りの始めには、サークルを東から右回りに三度まわって、「ヨフィアサー」(神のご加護を)と手を上げ、サークルを囲んで胡坐をかいた。サークルの中には、祭司の僧侶が軍扇を持ち、東に向かって神の呼び出しが行われ、北に奉納された供物に塩と樫の木と聖水が挙げられ、祈禱が終わると三度の手刀で結界を切り、神事が終了し、祭りが始まるのである。

日本の相撲を見てみよう。もちろん力士は裸で組み合い、先に土がついた方が負けである。ふんどしを穿くがマワシというし、綱を巻いて土俵入りをするのは横綱で、後ろに露払いと太刀持ちがいるが、太刀は逆矛になっている。力士は東西から現われるが、北は神の座である。対戦の前には四股を踏むが、塩で土俵を清め、最後に水で口を清めるが飲むわけではなく、大地を清めるのためである。

今では天皇がご覧になる天覧試合があるが、ソロモン王の時代の天覧試合は、幕屋を張り、そこで行われるため栄誉ある幕内の力士がいた。今も力士の幕入りは、一堂に入場し土俵を廻ってヤーと右手を挙げ下がるが、一部の力士は残って土俵の周りに胡坐をかいて座る。横綱の土俵入りは、フェニキアの最高の位を表す紫色の衣装で、木村庄之助が執り行う。その仕草を見ていると土俵入りの間、軍扇の房をぐるぐると回している。ユダヤ教の祭司レビも祭司の間、香の壺をぐるぐると回しているのと同じだ。レビの衣装も裾に房が下がっていて、額にはヒラクリティという小さな箱をつけている。また、行事が時折掛け声をかける「ハッケヨイノコッタ」とは、古ヘブル語で「いざ立って敵を打ち負かさん」という意味である。

ケルトの戦士が戦いに勝利すると戦利品をかざして自慢したが、弓取り式がそれを象徴している。

日本の相撲は、ソロモン王が始めたケルト兵達の士気高揚の行事を踏襲している。世界には多くの相撲がある。モンゴル相撲やスペインの地方にもある。形は少し違うがカナダにも力相撲があるし、スイスにはリーグがありギャンブル場となっている。日本も花がつくが、あれはフェニキアやイスラエルの王族の掛けの対象だったのかもしれない。

しかし、力相撲だけを争う他の相撲と違い、ソロモンとフェニキアたちがエルサレムの幕屋で起こした競技はそのまま日本だけが引き継いでいて、格調高い天覧試合であった。今日、外国人の力士が上位を占めている、しかも東欧や小アジアの力士ばかりである。これはまったく自然なことで、この３０００年の歴史を窺わせる。昔から力士は美形で町娘の憧れであったことは浮世絵等でわかるが、今もそれは変わりない。

日本の神話に、天の岩戸開きがあるが、アマテラス神を岩戸から引き出すためにウズメが薄衣でのダンスを踊って、アマテラスが何事かと岩戸を少し開け覗いたときに、手力男（タヂカラオ）命がその岩戸をガッと引き開けたとある。そのタヂカラオが相撲の祭神であることは周知の通り。もちろん渡来系の神である。この神話は、日本開闢の頃で、皇紀2650年よりも前のことである。

外国人が活躍する今の相撲は、日本古来の姿を取り戻し、ケルトの血を持つ力士にとって聖なる戦いの場を得た心地であろう。相撲はこれから一層盛り上がっていくはずである。

9・11テロとバビロン捕囚の悪夢

ケルト民族の持つ多くの特性は、古代フェニキア人に大事に登用されながら、ソロモン王という偉大な主権者に庇護され、世界へとそのテクノロジーと精神を頒布してきた。その三民族の合体構造の多くは現在アメリカという強大な国家を建設し、ソロモンの意思はやがて完成を迎えようとしていた。

2001年9月11日、突然の悲劇が世界を駆け巡った。大型旅客機をハイジャックした一味がニューヨークの真ん中の貿易センタービルに激突した。一機だけではなく、二機までも。また、ワシントンでは、国防総省にも旅客機が激突し炎上していた。恐るべき事件であった。アメリカ当局は混乱し、この犯行をネオナチの集団へと向けたが、すぐさまアルカイダが犯行声明を出し、イスラム過激集団の犯行とわかった。

ギルガメッシュ王を祖王とするソロモンの末裔の国アメリカ人は、心のよりどころをシュメールの天神アンにおいている。そのアンの八方位のペンダントは、唯一変わることのない宇宙の真理として娘が嫁ぐ日に父から愛娘へと伝えられてきた。またその神への忠誠をソロモンも七枝樹をメノーラに託したように「ウブイミン」という2と5の契りを全ての精神の基本においていた。

そのアメリカの心の基本である「2と5」へイスラム原理主義アルカイダは鉄槌を下した。それは、ニューヨークの象徴でもあったツィンタワーである貿易センターの「2」と「5」ギリシャ語のペンタズムで建築された国防総省ペンタゴンをノストラダムスの大予言のように鉄の火を空から降らせ殲滅させせようとした。

そのイスラム原理主義は、BC1730年ハンムラビ王によって創り上げられた太陽の法を原点にしていた。その法典により建国したアッシリア帝国はソロモンの子ら十支族を連れ去り、またその後新バビロニア王国に残り二支族をバビロニアへ幽閉し、ユダヤ一族を殲滅しようとした。

また、ハンムラビ王の生まれ変わりを自称するナチス帝国のヒットラーは、そのアッシリアの太陽の御旗に鉤十字を刻印し、再びユダヤ人を大虐殺により殲滅を計った。その忌まわしき事件が、このミレニアムというキリスト教世界の世紀末に引き起こされた。

アルカイダがこの事件の折衝をドイツのボン市にて求めたのもやはり歴史の中にある奥深い血の流れを感じているからであろう。そしてアルカイダは、アメリカ人の安寧の地、キャンプデイビッドをもユナイテッド74で狙っていた。しかし、そこは勇敢な乗客たちによって守られることとなった。そこは、キャンプデイビッド「ダビデの寝床」だったから。

ケルトのオーガム文字 Ogam が熊本に!

ケルトは古代日本と同じ文字を持たない民族であるが、スコットランドのあちこちにオーガムの碑文が残る。

部族が移動をしたり、神に祈念を捧げた標は残していく習わしである。特に石工で海洋民族と移動していく一族は、その上陸を記念して自らの神の名や首領の名を刻んだとされる。それが日本の熊本で見つかっているのだ。

そしてその日本のオーガム文字が、有泉の太神社で見つかった。このお宮はドラゴンの社紋を持つ宮で、オーガミ社と読む。いわゆる拝み石などと同じ音である。

有泉の太神社のドラゴン紋

物部磯良の像

七支刀を持つ像

太神社のオーガム碑

キャッスルラーキンのオーガム

同じ太神の宮が福岡県瀬高にあり、こうやの宮と言い物部神社とも呼ばれる。その主祭神は物部磯良で胸に五七の桐紋、横に七支刀を掲げた像が並んでいる。

それには新しく何らかの記念を碑してあるが、私はその角に施された線刻が、オーガム文字だと気づいた。それはスコットランドのキャッスルラーキンのオーガムの石碑に似ていたからである。同じ剣型の石碑でもある。

坂田少名彦神社のオーガム文字解析

菊池川を山鹿に入ると坂田の村に坂田少名彦神社がある。

そこの猿田彦神の碑にくっきりとオーガム文字が刻まれていた。こちらは、ハーバート大学の碑文学会に投稿されていたオーガムチャートで読めるものであった。オーガムは記号を音価に表すので、音でわかることがあるかもしれない。

石碑のオーガムは上から読むこともあるし下からも読む。これは左下から上に書かれたものと思

スコットランドのオーガム文字碑

える。すると音価は「ラハム?」となる。

メソポタミア神話アプスーとティアマトの娘にラフムという女神がいる。ティアマトと言えば龍神であるし、アプスーの神は真水の神で、その龍神の娘と言えば、玉依姫とか岩長姫や瀬織津姫を想像する。

久留米市味水御井神社にもオーガム文字を発見！　同じチャートを使うと次頁、下段となる。

ケルトは音価による口読解釈であろうから、日本語と同じ音で聞く。それが何を言っているかを知ればいいのである。

日本ではまだ誰も読んだことのないオーガム文字、存在することすら知られていないケルトの文字。それが九州各地にあったことは、これまでの海洋民族の足跡を追ってきたことに対するご褒美と思って楽しく解読のチャレンジができた。

まさに、巨石リサーチャーの醍醐味である。

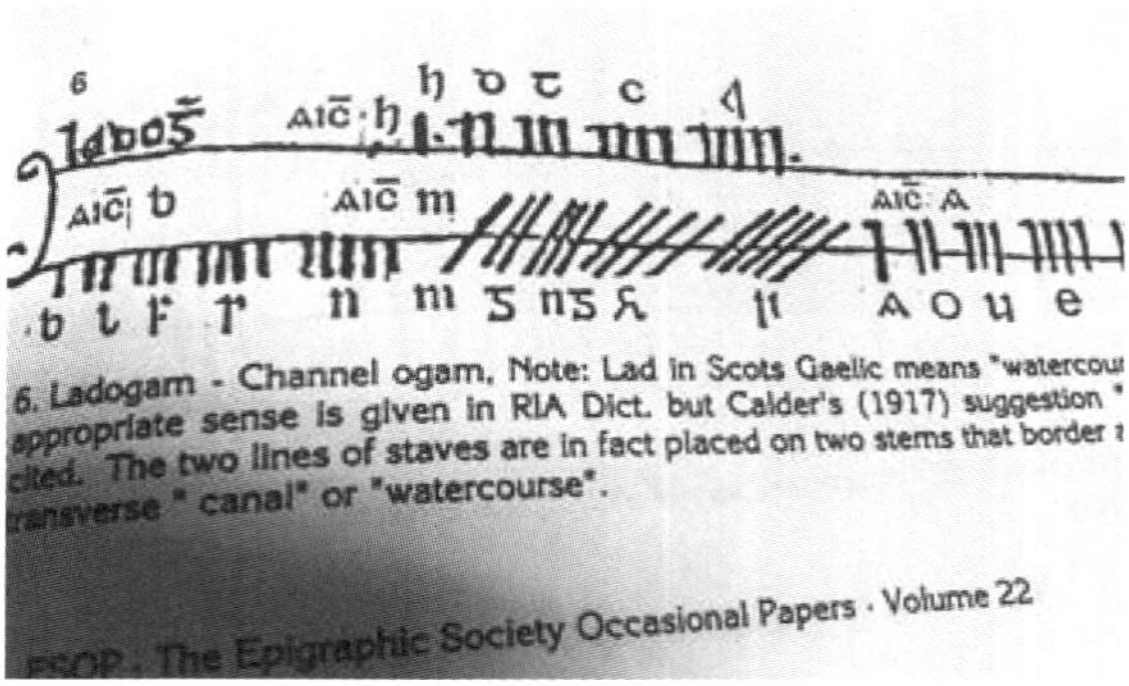

6. Ladogam - Channel ogam, Note: Lad in Scots Gaelic means "watercou
appropriate sense is given in RIA Dict. but Calder's (1917) suggestion "
cited. The two lines of staves are in fact placed on two stems that border
transverse " canal" or "watercourse".

ESOP - The Epigraphic Society Occasional Papers · Volume 22

?

m

a

h

a

r

raham（ラハム）と読める。

少名彦神社（坂田）

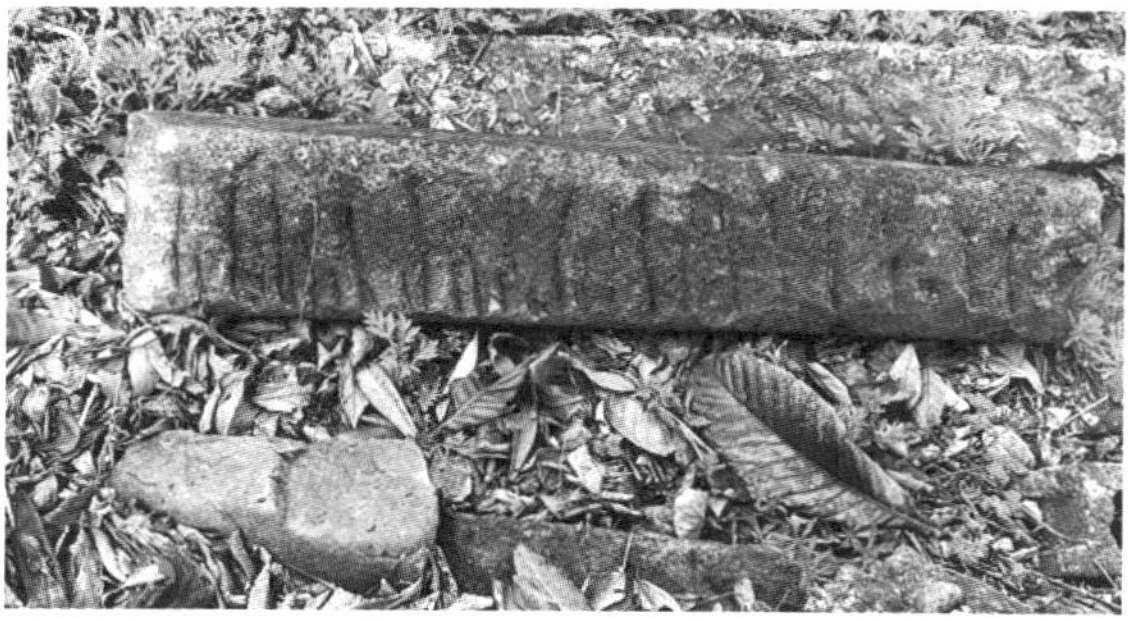

A A H H M E H A H F M H M A H M

第三章

九州阿蘇を中心とする巨石文化とペトログリフ

巨石により気づかされた洞察の数々は、真実の歴史への道標となる⁉

ここからは、阿蘇を中心に点在する巨石文化とペトログリフの現地を紹介していくことにする。

九州の巨石文化は8500年前から2500年前頃までに綿々と活躍した縄文人の歴史そのものであったと思える。それを、グローバルに活躍した海洋民族の足跡や民族の移動による故郷への回帰などを巨石に神への祈りとして刻み込んだペトログリフが物語っている。そのハードウェアは不変の星、北極星とレーザー光線のように一直線にむすばっていてその線上には真実のみが照らしだされていた。

それらの遺跡は、北極星との子午線上や夏至の線、冬至の線、彼岸の日の出入りの東西線で結ばれていて、川の源流やその上部の丘や小山の頂上になる分水嶺に位置していた。そして多くは古い字名が巨石を祀った民族の名や主神の名を地名として残していた。また、神社に組み入れられた磐座が多く残るが、どれもが神社の社《やしろ》の礎石や階段に使い廻されているものがほとんどで、時代の権力の移行が見られるのも世界の巨石文化の特徴でもある。

また、巨石文化には、計り知れない謎も残されている。それは、これだけ巨大な岩をどうして運んだのだろうかとか、鉄器も無い時代にどのようにして花崗岩を削ったりする技術があったのだろうかとか、である。また、コンパスや地図も無いのに地球上での位置がどうして正確に測れたのだろうかなどである。そして、最大の謎は、巨石に磁気波動があること、そしてその波動をコントロールできたかのような巨石文化を持っていることである。

日本のピラミッドに出会って30年、知り得た限りの真実と巨石によって気づかされたことをここでお見せします。

押戸石山遺跡は、超古代巨石文化の夜明けを告げる重要遺物!!

押戸石山遺跡は、序文で紹介したように、筑後川の源流の一つの地域で、その川筋の最高位に当たる古代神殿である。阿蘇郡南小国町中原《ナカバル》のマゼノ渓谷の森を過ぎ、その上部にあたる外輪山の縁に広がる草原の小丘に並ぶ列石群である。

頂上石（太陽石）、祭祀台、ストーンサークル、挟み石、鏡石、階段状列石から出来て

マゼノ渓谷

最後の滝下の祭場

祭壇石

押戸石山

いて、周囲は見渡す限りの草原だが、他には石は見当たらない。頂上からは、南方に阿蘇の五岳が望め、東方は祖母山、東北方面には九重連山、北には小国富士の涌蓋山、そして西に大分の中津江から菊池の連山と一望できる場所で、天地を分ける山の稜線にある。

近隣には大観峰《だいかんぼう》遺跡があり、前8000年の洞穴人の住居跡や旧石器、黒曜石などが出土している。

大地に安寧を願った太陽石

頂上石は、上部を烏帽子《えぼし》のように削られていて、正面を阿蘇の火口に向けている。その表面には、方位磁石の針が3回転するような磁気異状を感知することができる。

東部の面には、多くのペトログリフが刻まれている。それも、大きな50㎝大の五角形をしたイルガガ「我に水をと祈る」⬠という雨乞いの祈禱文のほか、フェニキアの水の古拙文字も見られる。実際、ここは中原村の山の神で、阿蘇の旱魃にはこの

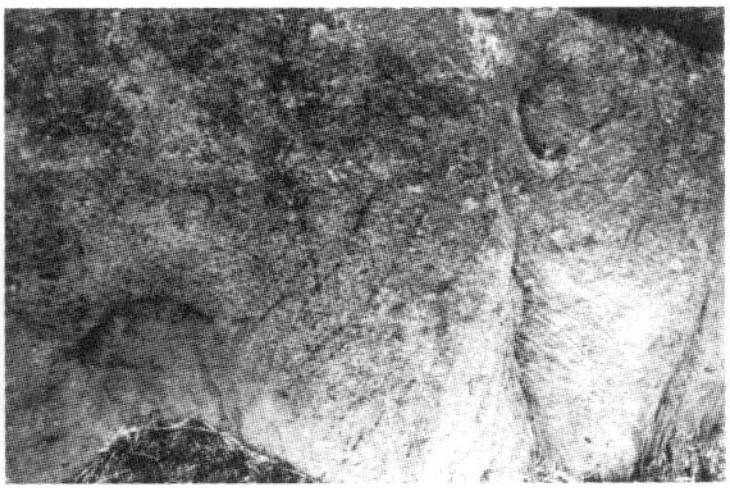

頂上石とペトログリフ

岩に登って酒をかける風習が残っている。そして、基底部に宇宙神ベルがくっきりと刻まれている。

押戸石山の酒舟石は明日香岡本宮の原型

頂上石から、夏至の線上を西南方向に30mほど下ってくると、最初の岩の集まりの中の中央にある磐座が祭祀の際の祭壇石となっている。上部に供物台をかねる形になっているが、中心に直径30㎝ほどの盃状穴があり、そこから手前の三方に線が入っていて、それぞれに20㎝大の盃状穴と結んでいる。これによく似た磐座が奈良の明日香の岡本宮にある酒舟石である。岡本宮は7世紀の宮だが、ここ押戸石

酒舟石から望む渡神山

山のものは遥かに古く、その原型プロトタイプとなる。

　不思議なことに、この酒舟石に手を合わせるとその先の山並みの中に、一際目立つピラミッド型の山が聳える。聞いてみると渡神山（トカミ）という。私は直感的に家に帰って地図を開き、その山を見つけ線を延ばしていくと福岡県朝倉町を通る。その線と筑後川の交点を調べると、そこに恵蘇八幡神社があり、何とその裏山が斉明天皇の御陵となっていた。斎明天皇は明日香の岡本宮の主である。天智《てんじ》天皇が中大兄皇子《なかのおおえのおうじ》で天武天皇がまだ大海皇子だった頃、朝鮮出兵の祈願にこの地に逗留しているが、この朝倉に黒木殿という御所を建てるのに朝倉の森の木を切ったために山の神が怒って災厄をかけたとある。そのために斎明天皇は病に崩御された。皇子は仮の苫屋を作られたが、そのときの天智天皇の歌が「秋の田の仮ほのいほの苫をあらみ　我衣手は露にぬれつつ」である。ところが、その大嘗祭の様子を朝倉山の上から大傘を開き臨観する鬼たちがいたと朝

鬼門を向く宮

恵蘇八幡宮の梁に噛み付く鬼

倉風土記に記されていて、それは恵蘇八幡の拝殿の梁に噛み付いた鬼に顕されている。また、押戸石山の巨石も、鬼たちが夜な夜な大石でお手玉をとる恐ろしいところという謂れが残っている。そしてこの朝倉の宮の名も朝尚暗き鬼の宮といわれたことから、朝倉という地名が付いたとされる。

斎明天皇は一説にペルシャの拝火教を岡本宮で信仰していたという。だとするとその祭祀の元はここ押戸の神殿の鬼と呼ばれる渡来人の祭祀様式を習って、ここで修行をしていたのではないか。

また、魏志倭人伝に卑弥呼は「鬼道」をなしとあるが、「鬼道」とはまさにそのまま彼らのアイディンティティともいえる占星術や古代の科学等であったのではないだろうか。そしてこのお宮は日本で唯一の鬼門に向かって手を合わせるお宮となっている。

恵蘇神社の恵は恵比寿（旧訳聖書ではエブス人）でフェニキア人を表し、蘇は中国ではシュメール系ユダヤをいう。まさに大化の改新の時代に生きた人々の宮だ。

シャーマンの鏡石と陽石

次に西方に進むと卵型のストーンサークルが出現する。

北側の大きな磐座の南面は平らに削られていて、数個のペトログリフ

が刻まれている。その岩の西方に高さ2・5mほどの岩が二つ、間に人が一人やっとすり抜けられる程度の挟み石がある。その西面はきれいに揃えて磨かれたように平らに鏡石となっていて、この挟み石の隙間は、頂上石から線を引いたように夏至線が通る。隙間には、やはり強い磁気異状があり、そのためか、この挟み石は村人の謂れに、「不浄のものがそこを通ると気絶する」とある。

この挟み石の西方正面には、人丈ほどの立石がある。いわゆる陽石といい、西欧ではファリックストーン（男根石）である。しかもここの陽石は、リアルに男性自身の形状を刻んである。この形のものをポンペイ展で見ることができるが、ここのものはその何百倍も大きい。そしてその陽石の表面の中央付近に三叉のポセイドンの鉾の形のペトログリフΨが刻まれている。

それをさらに夏至線上に西に移動すると階段上の列

Ψ文字のマーク

ジャスラのお立ち台

石がきれいに並ぶが、最上部の夏至線上に当たる位置に1m大のお立ち台状の磐座がある。それを丘の下方から見上げるとその磐座の中央に10㎝ほどの盃状穴を頭とするジャスラ（蛇神）のの線刻がくっきりと見られる。

そしてその上に立つと夏至の日の出の太陽がちょうど頭の後ろに差し込み、階段列石にいる参拝者には、まさに後光が射したように見えたはずだ。祭りの夜、天より理務を受けたシャーマン卑弥呼が朝の陽光の下で天の啓示を下達する姿が見えるようだ。頭に後光を乗せたアマテラスの姿をダブらせてしまう。

村の名前の由来

一連のストーンサークルに刻まれたペトログリフは、村の出自を記録しているものだ。サークルの北側に位置する磐座のもので、その南面中央上部に刻まれたペトログリフは、三角のド△（神）があり、下段の磐座中央部に当たるところには、右より↓（女神）、そしてジャスラ（蛇神）、次にアルダ∀（牡牛神）、そしてX印のX（奉る）が、親指大でくっきりと刻んである。かなり風化が進んでいるが、はっきりと見て取れる。

この押戸石遺跡は夏至線に並び北を指示する施設は、何もない。しかしこの北の碑文は明らかに北極星天神アンに向かって祈りを捧げている。ストーンサークルをよく観察すると、サークルの南側の磐座の上部に15㎝大の盃状穴があり、深さも10㎝と深い。海洋民族は岩の上に胡坐をかいて櫂を立て星を見る習慣があるので、その盃状穴は北を特定するための基点で、北側の磐座の上に書かれた三角の△ドと北極星の方位が一致することがわかる。

また、蛇神をトーテムと祀る海洋民族はシュメール系のマカン族だと思えるので、蛇神を「ナーガ」神と呼んだ。牡牛神を主神におくのはフェニキア一族であるので、牡牛神を「バール」神と呼んだはずである。その二部族の和合を祈念する碑文でもあるこのペトログリフは、今では漢字を当ててあるが、音は「ナーガバール」と呼んだ。

この中原川の最後の支流の一つのその源流の村の名は、湯田—「ユダ」であり、もっと下流で分岐した満願寺川の源流域は、谷ヶ部「ヤカベ」（ヤコブ）という。そこに郷社があるが日下部吉原神社といい「ヨショアラ」といいヨショアの民という。また、中原川を小国町まで下ると垂水「タルミ」や梁瀬「ヤナセ」マナセのようにヤコブの十二氏族の子供たちに因む名の地名が残っている。

中原村の鎮守熊野座神社では毎年7月28日に夜神楽があるが、その祭りの始まりは境内の周りを三度皆でぐるぐると廻った後、境内に入って全員で「サーイーヤハー」と掛け声をかけるが、それは何と、古ヘブライ語で「ヤハウェは主権者なり」ではないか。でも、村人はそのようなことは誰も知らない。

ムー文明の残照とギルガメッシュの洪水伝説

この押戸石山遺跡は、北極星（龍座のツワン）が出現する6000年前には、もうすでに築かれていた。超古代に高みに神殿を築き、宇宙神と交信し祈る宗教的文化は、北極星が現われる以前にすでに発生していたことになる。

5000年前のギルガメッシュ叙事詩の中の第11書版にウトナピシュテムの洪水伝説が書かれている。それには、神々が洪水を起こして人間をいったん絶滅させる計画を立てるが、アヌンナキに方舟の建造を習い、方舟が完成するとエンキ神が米とパンを空より降らせ、すべての種を方舟に積み込み、六日七夜の大洪水を乗り切ったが、他の人類はすべて粘土に戻ってしまったとある。そして、最初の大地に上陸すると、高みに向けて神殿を築き、供犠を焼き香りが神に届くと神々が降りてきて祝福し、女神は首飾りを枝の先につけて振って祝福したとあ

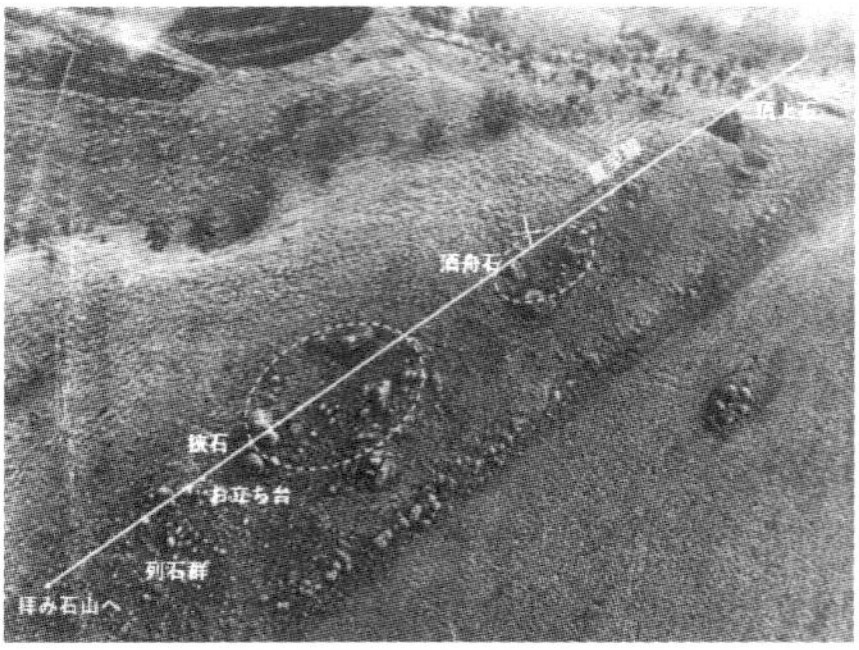

押戸石山の夏至線

る。また、洪水を起こした張本人の風神エンリル神が現われて人間が生きてることに気づき怒った。しかしその際、弟の水の神エア神は、すべてのものを殺すことはない、咎には咎を、罪には罪をと言って諭したとある。神々はウトナピシュテムをアトラ・ハーシス「最高の賢者」として永遠の命の秘密を授け、遠くの河口に連れて行き住まわせた。

ギルガメッシュ王は、盟友エンキドゥの死を悲しみ彼を生き返らせるために、その仙人の住む島に出かけ、永遠の命を約束する草「シーブ・イッサヒール・アメール」をもらいに出かける。それがこの叙事詩の物語である。5000年前の叙事詩には、その遥か以前に起こされた洪水伝説が書かれていたのだ。それは、1万3000年前に沈んでいったムー大陸の伝承を物語るに他ならない。ウルム氷期が崩壊し、スンダ大陸が沈んでいく中で、アジアやユーラシア大陸に逃れた民族の末裔たちが、今日に文明を引き継いだ。それが海洋民族ラピュタだった。巨石文明というモノリスに願いを込めて。それは花崗岩の巨石に記憶を投影した波動による遺言だったのではないだろうか。

この押戸石山の夏至線の波動は、次の遺跡拝石山の発見へと繋がる。

拝石山遺跡は、プレアデス星への誘いだった⁉

拝石山は、熊本市の西方、金峰山山系の一つである。金峰山を一の岳とし熊野岳の二の岳そして修験の場となっている三の岳の霊山に囲まれた尾根伝いに位置する。

この巨石群を頂きに持つ拝石山を発見したのは、押戸石山遺跡の示す夏至線上に何らかの巨石文明が存在しないかというヨーロッパ的発想からであった。この情報を研究仲間に流すと、まもなくというより、すぐに会員から情報が返ってきた。

熊本西方金峰山の近くの芳野という地域に不思議な大石が乱立する山があるという。勇躍、私の研究の最初の理解者である石原靖也氏と探査に出かけた。情報で調べておいた山の近くまで行き、農家の方にその旨を伝えて尋ねるが誰もそういう山があることすら知らなかった。

途方にくれて芳野農協の選果場の駐車場に車を止めると、その正面に形の良い、いわゆる神奈備型の山が聳えている。その形の良さを見初めてそこに登ることにしたのだ。その山は、誰も登るものはないのか、林道には倒木が覆いかぶさり、蜘蛛の巣だらけの藪くらであった。そこをかき分けかき分け登ること約40分、３００ｍも登ったであろうか、突然藪の中に高さ7、８ｍもの立石群が現われた。後にそれが拝石であることが、ここ河内町の役場でわかった。

役場の文化課を訪ね、ここの資料はないものかと尋ねると、ただ一人そこをよく知っている荒木さんという文化課の方がいらして、詳しい資料を出してこられた。

それには、何と昭和４年に生徒らと山歩きをしていた熊中（現熊本高校）の教諭新堂担平先生がその不思議な磐座の存在を、時の東京帝国大学教授である鳥居龍三先生に調査方電報を発せられていた。教授はその時満州に出張されていて、その帰り明けて昭和5年3月のこと、お嬢さんを伴ってここ拝石山の検分のため熊本まで来られていた。教授はその検証論文を当時の九州日報に三日間の連載記事で発表されていて、そこに「この一連の巨石群は、有史以前の巨石文化である、大事に保管するように」と締められていた。私たちは平成元年、それからちょうど60年という歳月を経て、それを再び世に明かすこととなった。

因みに、新堂担平先生と山歩きをしていた生徒の中に、あの映画監督の鈴木清潤氏や後に熊本大学考古学教授となられた松本雅明先生らがいらしたことには驚かされた。また、松本雅明先生は晩年、その拝石山を真西に拝む富野山に居を構えられ、静かに没されたと聞いた。

拝石山巨石の謎の配列

拝石山の拝殿に当たる巨大立石のストーンサークルは、頂上から北西方向の8合目あたりに位置する。山自体の標高は471mとされる。

麓から拝殿部分までは急斜面であるが、拝殿から頂上までは50m程の距離でなだらかな丘状になっていて、そこに6個の大石のストーンサークルがある。

その6個の中で北に位置する立石が頂上石となっていて、2m程の釣鐘を伏せたような形をしている。その頂上石を北に見て左袖に当たる磐座は上が平らになっていて、供物台様の磐座である。右袖の大石は上部に沢山のペトログリフが刻まれた磐座であるが、最も読みやすい図柄は鳥の羽のような線刻のもので、スコットランド地方によくある据え石に刻まれるオーガム文字に似ている。役場の文化課の資料の中に、この山には弘法大師の草履跡があるがどこか定かでないとされていたが、私はこの50㎝ほどの羽根のようなペトログリフを指していると直感した。

頂上から東南方向に少し下ると、3mほどの大石があり、その東面は深い割れ目のような線刻が亀の甲羅のように走っていて、一見して亀石とわかる磐座がある。また、頂上から南西方向に下ったところには、高さ7m幅2mほどの立石があり、西面は鏡のように平らな鏡石が金峰山を望んでいた。

謎の頂上石！

この釣鐘状の磐座は、てっぺんを平らに削ってあり、三つの盃状穴が三角形に掘られている。盃状穴の直径は約８㎝ほどだが、その盃状穴一つ一つに磁気がある。

しかもその磁気の方向が三種三様違っていて、それぞれの磁気の北針の方向がその頂上石の中心に向かっている。つまり盃状穴の三角形の中心が北であるかのようだ。この頂上石はこの神奈備山の頂上に位置する磐座であるから、山の中心に北があることになる。

この頂上石には、もっと大きな謎がある。この拝石山遺跡は押戸石山と夏至と冬至にレイラインで結ばれる。押戸石は夏至の日の出を祀る夏至の神殿である。この拝石山は冬至を祀る神殿である。それは月神ナンナルを刻んであることでもわかる。だとすると冬至、クリスマスの頃に、真夜中に昇る

神奈備型の拝石山

頂上石。平らに削られ三角型に３個の盃状穴がある。

星座はスバル座、そしてプレアデスが南中に来る。この頂上石の磁気方位はそれを指しているのではないか。

ラピュタはプレアデス星人と遭っていた！

また、頂上石を見てみよう。そこには50年前にNASAが描いた宇宙人グレーの顔があった。

果たして、6500年前ラピュタがこの拝石山に神殿を築いたとき、この工学技術を習得していたのか。押戸石山遺跡を夏至の神殿とし、この拝石山を冬至の神殿とした。そして磁気を操作して冬至の夜半に真上に来るスバル座のプレアデスと繋ぐ。ここまでは私にもわかるが、それから先の目的は何か！　巨石を動かす力は現代科学でも不明である。ピラミッド、サクサイワンの逆さの階段、天草矢岳のドルメンなど何か超自然の力がなければ解決できない。しかし現実には存在している。

ラピュタはそれらをプレアデスから習った。そしてそれをフィギャー（フィギュア）像として世界へと広めたのではないか。その女神像はギ

頂上石はグレーの顔！　眉間には△ド神が刻まれている。

ヨペクリテペ遺跡からウバイド族にも伝わり、シュメールのアーモンドアイのフィギャーとしても残っている。あの一連の釣り目の東欧の土偶はラピュタが伝えたプレアデス星人の姿だった。NASAのグレー君もよく見ると同じ姿である。

ラピュタが世界に広げたのはスバルの教え！　スバルは日本でスマル・スメルと語彙転訛した。5500年前の中代台遺跡のスメルの石斧の祭器はラピュタの祭器でもあったのだ。

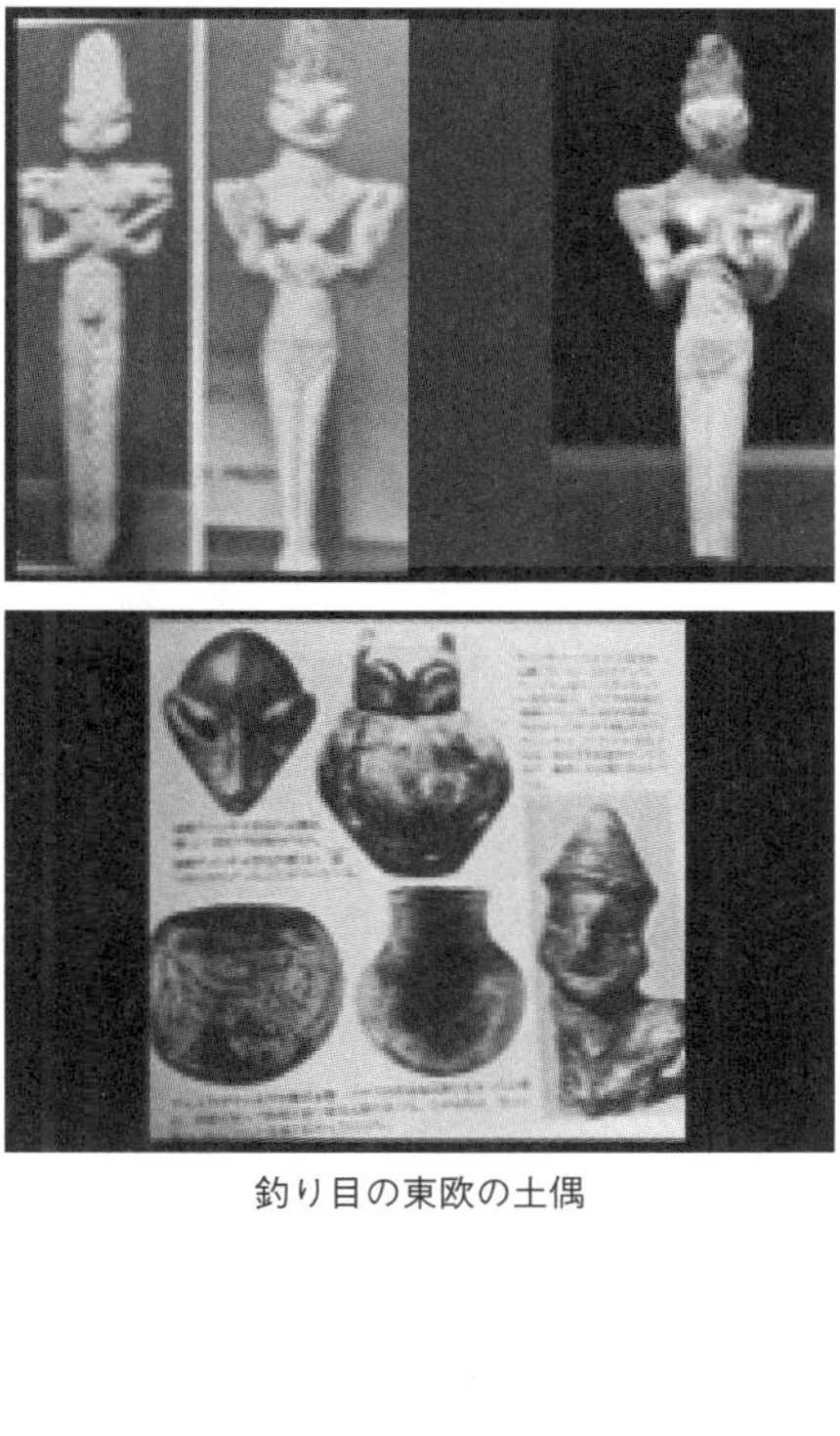

釣り目の東欧の土偶

供物台と弘法大師の草履跡

高さ120cm程のこの磐座は、祭祀に北極星天神に供物を捧げるのに丁度よい形であるが、その上面中央に、うっすらと五角形の線刻がある。一辺20cmほどの線刻だが、その線刻にそって、磁気があり一辺の頂点にくるとクルッと方位を変えて、次の辺にそって北を指す。この五角形のペトログリフは、押戸石山の頂上石にも見られた形で、イルガガ「我に雨をと祈る」というシュメール系の古拙文字だ。

右袖にある2m大の丸石の上のペトログリフは、草履と見れば見て取れるような形で、中心線に数本の斜めの線が横切り、その全体を線で囲んであるものだ。オーガム文字と見て違うとも言えないような線刻である。

一度、川崎真治先生を案内したことがあるが、先生は、風神をトーテムとするシュメール系の海洋民族のペトログリフで、後に「越」を築く一族のものであろうという。その風神のトーテムが鳥で、越という漢字の原型は鳥の古拙文字の異型であると教えられた。また、越は「ヴエン」からヴェツ・エツと転化した中国語であり、ヴエンはbu im isu Enlil「ヴ・イム・エンリル」の簡略化で風神を表すとされ、越の南が「ヴェツナン」つまりベトナムで、同じ風神トーテムの海洋民族であるという。

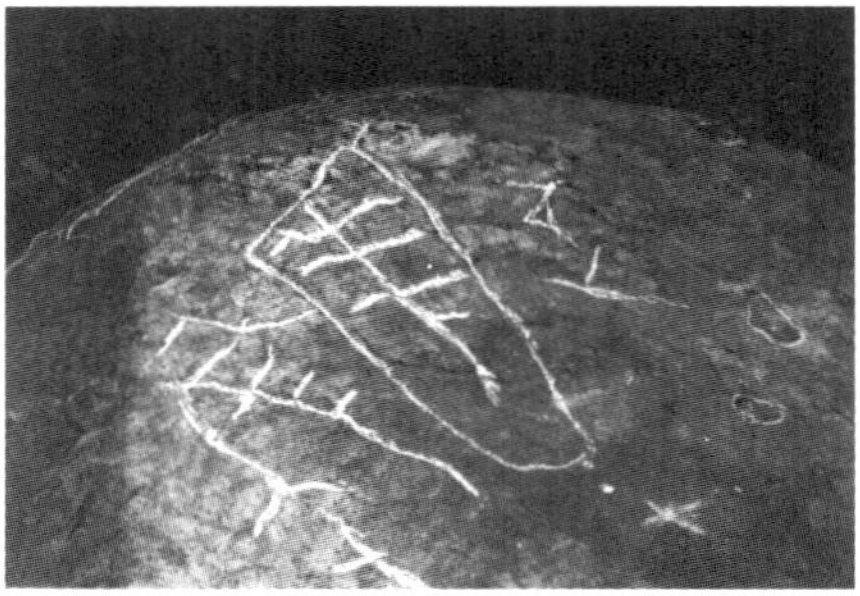

弘法大師の草履跡跡、オーガム文字

今は亡き亀石

頂上南東部のこの亀石は、南東の急斜面の上部に座っている。東面の中央に直径50㎝の円形の線刻があり、その周辺から放射状に外に向けて割れ目が延びる。それがそれぞれにくもの巣のようにつながり広がっているが、それも磐座の東南面のみである。それが亀甲羅に似ていることから亀石と呼んだ。神戸から来られた方を案内したところ、神戸の六甲山にも同様の磐座があり、その亀石から六甲という名が付いたといわれていた。

その中央の目玉のような円は南東を見据えているようで、その先には熊本平野の東部にある霊山飯田山を見ている。この亀石からは飯田山を結ぶ線上に冬至の太陽が昇ることになる。この亀石にも強力な磁気異状があって、亀石の目玉には、今度は周囲に放射状に外に向かって北を指す磁気があった。冬至の日の出の波動をこの目玉が受けると、一斉に360度外に向かって磁気がひろがり、山全体にその波動を配っているかのようだ。

5000年前、熊本市内はまだ海であった。熊本平野を見下ろすその目玉は、朝に船上から亀石を望むと、朝日を受けて神の目玉のごとく光輝いていたことだろう。現に、天草の矢岳の頂上石を不知火海から望んだことがあるが、朝日を受

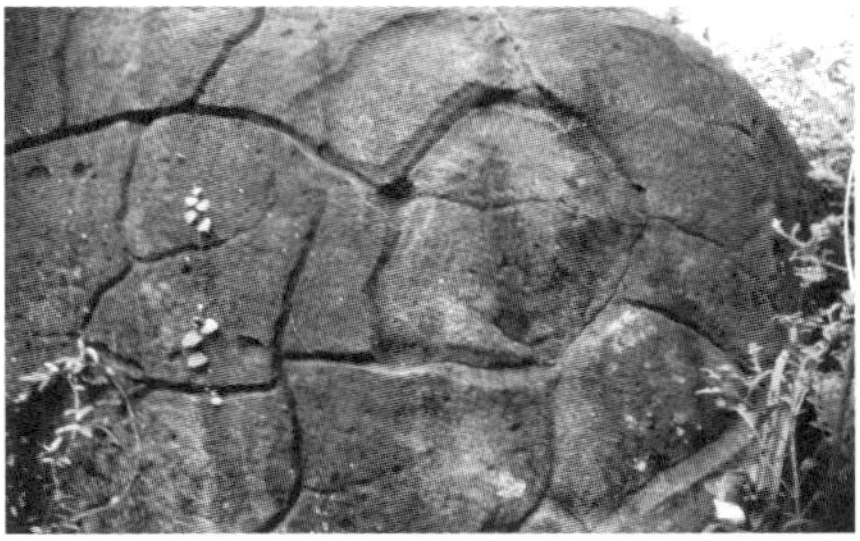

亀石の目玉、冬至の日の出を見据える。

けたその頂上石は鏡のように輝いていたことを思い出す。しかし、この磐座は2016年4月の熊本地震で滑落してしまった。不思議なことに同じ北緯32度線上に位置する南阿蘇にある免《めん》の石も滑落している。この何千年の間、落ちることのなかった同じ3m大のこの磐座が落ちた。

鏡石

頂上より南西斜面に立つ一枚の鏡石は、高さ7m幅2mほどの立石で西面はきれいな平面になっている鏡石だ。中心の上部から丁度雷のような線刻が中央あたりまでジグザグに下りている。そこに方位磁石をかざして左右に動かすと、ほんの1mほどで2回転もするような磁気異状が感知された。その鏡の面は南西方向の冬至の日の入りに向かっている。

また、そこには宮本武蔵が遺作となる「五輪の書」を書いた霊厳堂という祠がある。

拝石山拝殿の磁気異状

この拝殿は巨石群の中心的遺跡で、高さ9m程の立石の他に3m大の巨石5個を組み合わせたストーンサークルになっている。北西方向に一本倒

西の鏡石

れた石柱があるが、大きさは長さ7・5m直径2mほどだ。拝殿とされるサークルの中に入るとここは方位磁石の針がぐるぐる廻る強烈な磁気異状がある。このことを、日本ペトログラフ協会の吉田信啓氏に報告したところテレビ朝日系のカメラクルーを連れてこられて、その磁気異状の取材テープは当時のニュースステーションで報道された。翌年、1993年にはアメリカ岩石芸術学会からゲストスピーカーとして招かれ、今回の日本の巨石（ヨーロッパ系のペトログラフ）と磁気異常の発見事例をリノ市で行われた第20回アメリカ岩石芸術学会（ARARA）で発表することとなった。さらにその翌年には、ハーバード大学バリー・フェル名誉教授が主宰する古代碑文研究所から発刊される紀要論文集「ESOP」にもこの事例は掲載された。一日本の西部の熊本市拝石山の磐座における磁気異状とその他日本の磐座に存在する磁気異状とケルトのペトログラフを武内一忠の仮設に基づき導かれた。」という記事がある、その一冊が送付されてきたのだ。

その後各地の磐座にも同様の磁気異状があることが報告され、今では古代祭祀に使われた磐座には磁気異状があることが定説となった。

子供の目は神の目

ある日、熊本青年会議所で講演する機会があって、それを聴講された会員の中から現地探査会の申し込みがあった。青年会議所の家族会を引き連れたその探査会であったが、みんな初めての巨石遺跡に驚嘆の表情を見せておられた。

一通りの遺跡の考察の説明が終わる頃、ある会員さんのお子さんが寄ってきて「おじさん、あの中に何か書いてあるよ」と無邪気にいう。そこは、拝殿の組石の中で、磐座の隙間から中に入ったようだ。大人はなかなかそういう磐座には、何かバチが当たるのではないかと入れないものだが、子供は邪気がないというか素直というか平気である。しかし、子供といえども折角の報告を無下にはできないので、匍匐して中に入ると、大人が3人ほど座れるくらいのスペースがあった。子供のいう壁を見ると、そこには何と古拙文字よりも古い古代文字が刻まれていた。

それは、上から読むと三角の頭をしたギザギザの50㎝程の線刻、これは雷で龍神を意味するペトログリフ。その下に、楕円形の頭をしたゆっくりした波型文様、これは大地の母神で蛇を表す。その下には、5㎝程の二つの円を線で結んだ鉄アレイに似た形のペトログリフで「ピコ神」命の神といわれるペトログリフ。その下には、指を3本広げたようなペトログリフで「女神」を表す紋様の線刻が刻まれていた。子供の純粋な眼はすごいものを見抜いてしまうものだと感心しきりであった。

そのペトログリフの碑文は、「天空の龍神と大地の蛇神がここに女神を生んだ」という女神創世神話の古代碑文だった。しかもその碑文が刻まれた壁の反対側の壁の上部に、これらを見下ろすように目玉の「宇宙神ベル」⊙のすかし彫りのペトログリフが刻まれていた。

やはりここもあのエジプトのピラミッドを建造した石工のメーソンが築いた古代神殿であったのか。

当然、ここの碑文はエジプトのピラミッドの玄室の碑文より遥かに古く、シュメール系古拙文字よりも前ということになる。つまり5000年以前ということである。しかも碑文は建造の後で書き加えられたと考察できるのが、主神を龍神とする古代信仰は龍座のツワン北極星が輝き始めてからであるので、碑文の記銘年代は6000年前から5000年前頃と考えられる。

その岩屋を出ようと振り向いて膝を付いたら、その手元の岩の上に三重の円文◎が刻まれて

女神創世の碑文

宇宙神ベルの岩刻文様

いることに気づいた。入るときは気づかなかったが、暗さに眼が慣れたのだろう。

アイルランドやスコットランドのドルメンやマウンドの石板などに刻まれている円文とよく似たものだが、アメリカ先史インデアンのペトログリフにもこれらの円文はよく見られる。アリゾナのアナサチインデアンはこの円文に月や太陽の光が半分差し込んだときに何かの祀りを始める風習があったとされる。

この三重の円文は、シュメールの月神ナンナルの古拙文字である。ナンナルはウル市の主神で、ここ拝石山遺跡にウルの民が詣でにきて主神の先刻を刻んだ。

しかも、阿蘇に向かう白川の入り口はウルゲ（宇留毛）という字名もある。4200年前アッカドに追われたウルの民が渡来した証にもなった。

私は、すぐさま東京の川崎真治先生に報告した。それは、先生の著書の末尾に「これだけシュメールの神々が日本にいるのに、何故渡来してないのか？」という一文を見ていたからである。川崎先生は御歳82歳の高齢を押されて来熊され、私と拝石山に登りこの月神ナンナルの

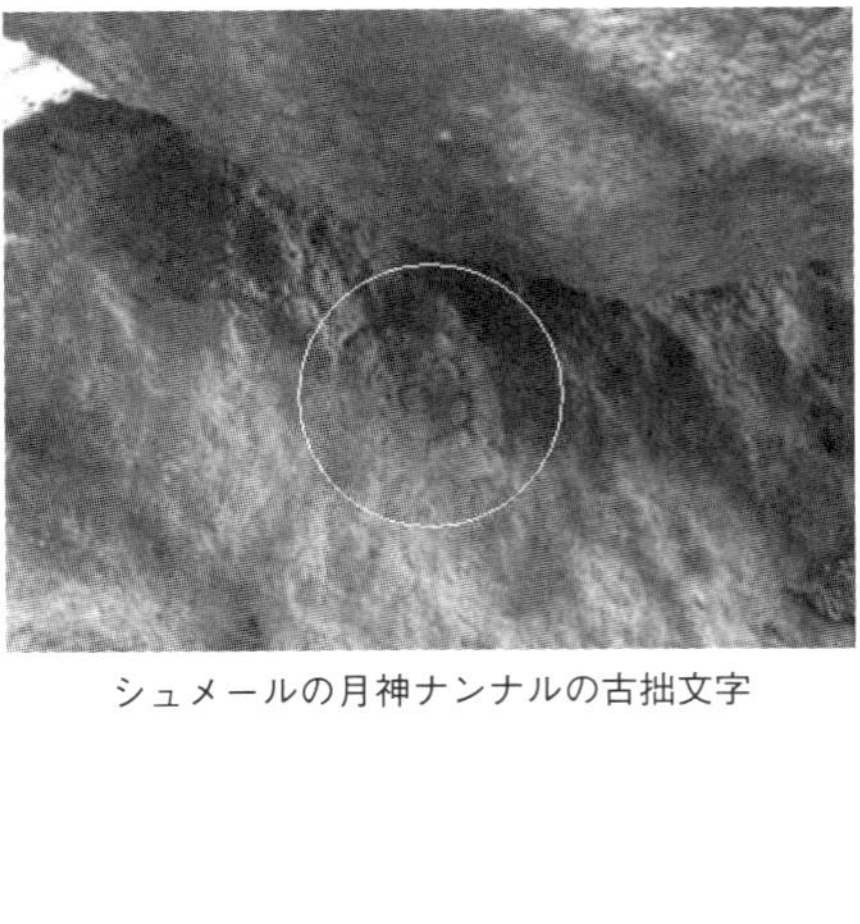
シュメールの月神ナンナルの古拙文字

円文を確認され、これまでやってきたことが間違いなかったと大そう喜ばれ、涙を流し、熊本の地で一夜を語り明かしたのでした。

宇宙のフロッピー

拝石の拝殿のサークル岩の外側の西方に、５ｍ大の大石の上部一角を直角に切り取ったような場所がある。切り取られた平面は高さ１３０㎝くらいで、供物台と思われる形をしていて、正面の垂直面にはすかし彫りで三角形のド△「神」が掘られている。

そこに手を合わせて拝むとその正面の林の向こうに黒々とした三角形の山がピラミッドのように聳えているのが望める。それは三の岳である。明らかに三の岳を遥拝したことがわかる。

また、その供物台の岩の面には、外から中に向けて10㎝幅で磁気が１８０度反転してしまう磁気異状が見られる。岩の中と外では、磁気が反転しているということになる。それは、外の全ての宇宙が一瞬にして反転してその磐座の中に閉じ込められるということなのではないか。また、その逆に、磐座の持つ波動は反転されて一気に外に噴出すことにもなる。

そして、その供物台の隣の磐座には、表面一面に直径３㎝ほどのペッキング穴がランダムに無数に掘られているが、その小さい盃状穴の中心にはそれぞれに磁気が帯びていて、他のどれとも同じ方向を指さない磁気異状がある。すべての穴に別々の方向を指す磁気があるのだ。

ある時、フランス大使館から紹介があって、フランス国営放送アンテンドウのディレクターであるフランソワ・グルー氏を拝石山に案内してほしいとの依頼があった。

氏を一通り案内しこの供物台の横まで来て、この磁気異状の説明と磁石による実証検分を行い見てもらうと、グルー氏は目を丸くして「この盃状穴の磐座は、宇宙の情報を記憶するフロッピーですよ」と一言漏らされた。

確かに、その磐座の並びの中で最も高い立石の上部は球形に窪んでいて、パラボラアンテナのようにも見える。そして南中天を指していた。そこは何かの祭祀の際に現われるスバル星団のプレアデス星への波動の道ではと思ってしまった。

また、グルー氏は帰り際に、拝殿部分の入り口に当たる伏せ石を見つけ、それにはケルトのハイクロスが刻まれているといわれた。それも各遺跡の祭祀場でよく見かけられる供

不思議な磁気を持つ祭壇石

物台型の磐座で、その前にひざまずいて拝むとその先にまたもや三角のピラミッド型の三の岳が林の間に望まれた。

そのハイクロスの剣は蛇の頭に突きたてられた逆鉾の紋様になっていて、その頭にあたる盃状穴には、反転する磁気異状が感知された。しかも、このモチーフはヨーロッパの有名自動車メーカー・アルファロメオのエンブレムにもなっている。

ケルトのハイクロス。逆鉾だ。

千金甲《せごんこう》古墳と釜尾古墳の双子の神々

権現山の麓にあるこの古墳は古墳時代の装飾古墳で、南開口の円墳である。中の石棺の紋様は50㎝程の二重円文とユキ（矢立て）の紋様の連続紋様だが、ユキの部分をよく見るとバツ紋が描かれていたものを上からユキに掘りなおしたものということがわかる。

古墳時代になって、大和朝廷のトーテムの一つであるユキにリメイクしたものと思われるが、円墳自体は、ヨーロッパと同じで石板の積み上げられたものであるから、ヨーロッパの年式でいえば、凡そBC2000年頃とかなり古いものと思われる。

南開口ということは海洋民族が天神に奉っている形をとっているので、ユキをトーテムとする騎馬民族の古墳ではない。中の二重円文は風神エンリルの子で太陽神ウトゥを表すシュメールの標記方法で、バツ紋をした⧖マガダ紋はシュメールの15の数詞を表す金星の女神イナンナである。二人はシュメールの天神系エンリルの双子の兄妹神であり、千金甲古墳は権現山の子午線上にきっちりと乗っていて、北極星を崇めるシュメール系海洋民族の首長の墳墓と考える。

また、拝石山頂上から真東方向にも、釜尾古墳という同じ円墳がある。やはり南開口の円墳で千金甲古墳と同型の二重の円文とマガダ紋の神紋を持っている。5000年前には、その古墳の下の川原が船着場であったと思える。それは、字名が船津であり、縄文の貝塚が出土している。

釜尾古墳

拝石山古代巨石文化の息吹

拝石山を拝殿とした海洋民族は、暖流に乗り南西から有明海に入り込むと、東に大阿蘇の火山が望め、西には島原の普賢岳が火を噴くのを望むこの地に一種の大地のパワーを感じたと思える。

その火山のマグマ線上にあり有明海の中央に位置する金峰山を海洋神殿と考えたであろうことは容易に考えられる。それは5000年前の海図をコンピューターで出してみると、その海岸線はかなり内陸へと入り込む。縄文大海進の後期で海水線は現在の水面より約8m高かった。熊本の市役所が標高7mというから、現在の市街地はほとんど海底で、しかも大潮にはそれより3mほど海面があがるから11mまで海岸線が上がってくる。関東も埼玉の浦和辺りに大きな船着場があったであろうから、サキタマの雄略天皇の古墳といわれる稲荷山遺跡は古代のウォーターフロントだったのかもしれない。

古代海洋民族は、山の資源を大事にした。特に火山地帯には、金や朱、多々良鉄や銅、亜鉛、水銀と天然の鉱物が豊富に眠っていることを知っていた。それらの製品は王族のもとに持っていくと破格の対価を得られたし、王族の貴重な情報をも知ることができたのだ。

これらのことを熟知していたのは先ケルト系海洋民族で彼らが巨石文化とペトログリフを同時に伝播していたのだ。後にフェニキア人と同化しながら、その文化は世界へと拡散していった。

ラピュタの血を引く古代海洋民族は、山の形をみて、河口を見つけ、川を遡り沢から源流を求めた。そしてその岩清水に自らの出自を明かす磐座を築き、大いなる山の神の森を祀った。
そして磐座の供物台に供犠を捧げて、山の頂に降臨する神々に祈りを捧げた。河口には、河岸神殿を築き、山の頂きに降臨する神への祈りを同時に祀っていた。古代の祭りは、日没に始まる。陽が沈み樫の焚き木に祭火を点じ、祭りの始まりを知らせる。すると、各地の祭祀場に火が焚かれ、同時に祭りが始まった。その光通信は5000年前から行われていたのだ。

拝石山遺跡は、地元の有志の方々の努力で、熊本市の公園化計画に取り上げられた。今では看板や案内表示ができ、簡易ながらも参道も整備され、いつでも気軽に見に行けるようになった。だが、古代遺跡は整備されればされるほど、古代のエネルギーは剝ぎ取られ、徐々にその敬虔なる力のようなものがなくなっていくようで

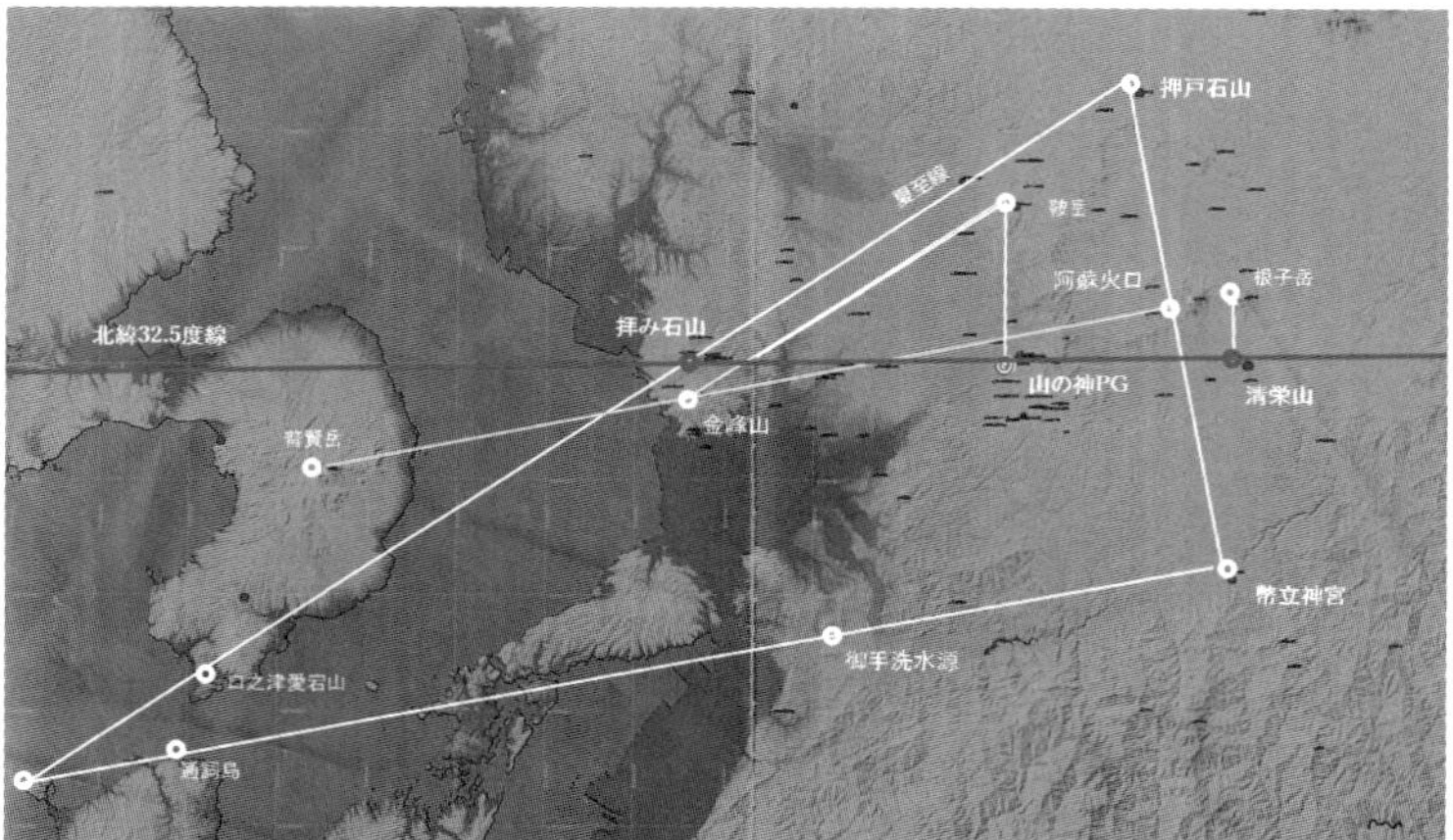

拝石山を基点として高みを結ぶ古代レイライン

ある。しかし、ここ拝石山を基点として高みを結ぶこの古代レイラインは、大宇宙を結ぶ何か大きな力をまだどこか奥深く潜ませているように感じる。

押戸石山遺跡で焚かれる火は、斧岳、鞍岳を経て拝石山にも伝わった。また、鞍岳の山頂に焚かれたかがり火は、北極星と鞍岳の子午線と拝石山の東西彼岸線との交点である阿蘇郡西原村の山ノ神ペトログリフ遺跡の祭祀場へと繋がっていったのだ。

西原村山の神ペトログリフサイト

南方から暖流に乗って海洋民族が日本に到達すると、九州は天草の内海である有明海に入り込む。彼らは九州の中心にある大火山阿蘇を目指すために、宇土半島（当時は宇土島）の根元の白川の河口に船を留めたと思う。

今は熊本市内東部の三ノ宮神社がある辺りになるが、そこから上流へと船を進めると大津町の岩坂で、白川では唯一の支流となる鳥子川の分岐点に行き着く。そこに一部の部族は甑神社を祀り、鳥子川へと入る。鳥子川を１㎞ほど遡上すると、もう一度川は分流していき、一方は揺ヶ池神社へ、もう一方は塩井神社へと続く。ただ不思議なことには、甑神社と鳥子神社（三宮神社ともいう）と揺ヶ池神社は俵山に向けて一直線に並ぶのである。また、鳥子神社参道の鳥居から一の峰の頂きを望むとその線上に塩井神社がある。この西原村にも不思議なレイライン方程式が存在しているのか。

揺ヶ池神社は通称お池さんと呼ばれ九州界隈から霊験あらたかな水を求めて人々が集まる、知る人ぞ知る有名なお水取りの宮であるが、塩井神社もまた袴野・鳥子一帯の水道となる豊富な湧水量の源泉を祀る宮である。

揺ヶ池の龍神

揺ヶ池《ゆるぎがいけ》神社

このお池さんと呼ばれるお宮は、源泉を祀っているだけのお宮で社殿などはない。ただこの源泉の底がどれほどまで深いかはわかっていないとか。

お宮の県道からの入り口の鳥居の横に駐車場があるが、その正面の小丘は馬頭観音を祀るマウンドになっている。馬頭観音といいながらスサノオの命を祭っていて、牛の子宝祈願を行う宮にもなっている。そのマウンドの呼び名は「ツンガ塚」といい、角ヶ塚が訛ったという。まさに、牛頭大王を祭る丘に違いない。今では馬頭公園となっているその丘の中腹に、といっても高さ10mほどの小丘なので階段を20段ほど登ったところに鎖で囲われた岩の一群がある。ペトログラフ岩と案内にあるが、その中の一つには非常に興味のあるペトログリフが見られる。

それはハワイやタヒチ、イースター島などで見られる環太平洋型のペトログリフで、何らかの宗教祭祀に用いられたものではないかと思われていて、文字であるとか地図であるとか意見はいろいろ言われるが本当のことはまだわからない。ただ、これによく似たペトログリフ岩がコロンビアのサンタ・マルタのシェラ・ネヴァダ山山麓で発見されているが、それは、フェニキア文字や地中海文字、その他素性不明の文字で刻まれているといわれている。そしてこの種の巨大な彫刻石はアマゾンやオリノコ川支流でも発見されている。

弁財天様

お池さんの参道の途中に弁財天様という大きな磐座が祭られているが、あまり寄る人はいないようで村内の誰かが掃除をしている程度のところ。しかし、その磐座の前を流れる沢から、大事なペトログリフ岩が見つかっている。

30㎝ほどの石板に十の字が深く掘られたもので、今は西原村の村長室の棚に保管されているが、そのペトログリフはシュメール系海洋民族の一部族が氏神として奉るトーテムをここに奉納したものと思われる。最近になって、この村の住民たちに頼まれ、付近を探査する機会があった。古老で地元の文化史に詳しい山本氏の案内で、俵山の麓に当たるこのお池さんの奥山に登った。案内された場所は、俵山の稜線の最西端に当たるところで、頂きが平らになった場所があるだけだった。

しかしそこだけには周囲にない栗石が積み上げられた石囲いがあり、いわゆる古代の祭祀場、星見台となっていた。宗像大社の奥宮の高御倉とおなじで、社殿などのない石囲いだけの設備の宮である。そこがまた、下方にある弁天様と東西の関係を結んでいた。山を下りて弁天様に戻り、その高御倉を見ようと

熊本日日新聞　平成13年(2001年)2月1日　木曜日

古代人が文字刻んだ岩

秘められたなぞ探る

3日、西原村で講演会

コロンビアのペトログリフ岩によく似た西原村のペトログリフ岩

するが杉林で見えない。

しかし前を横切る沢を渡って奥の林に上ると平地になっているところがあり、そこに大きな岩が鎮座していて、それは各地の遺跡で見てきた供犠を捧げる供物台様になっていた。高御倉を本殿として、ここに拝殿を置き、祭りを行った一族が、この地を聖なる水場とし、氏神を奉納したものが弁天様だったということになる。

字名は桑鶴というが、熊本の方言では神をクワと発音するので、クワツルとは「ツールの神」と取れる。ツールとは、フェニキア最大の王ヒラムの居城であるツールを指すとすれば、シュメール系海洋民族はエブス族であるフェニキアということになる。故に七福神の金星女神である弁財天を祀ったことに合点がゆく。また、彼らと同行するケルト系の部族の神ガラムも同じ沢の中に刻まれていた。

弁財天に奉納されたガラム神

シュメール系の神々の系譜には出てこないこの神は、フェニキアなど地中海系の海洋民の中で石工や鉱山師、冶金細工師などに崇拝される技術の神である。

一般的な神ではなく特殊な一族の崇拝する神であるが故にあまり表に祀られなかったようで、歴史で習うシュメールの神の系譜にないのも当然かと思う。しかし、この神の名は、フリーメーソンの憲章の中央にGの刻印でしっかりと刻まれている。ここ弁天様に奉納されたガラム神の技術を示すペトログリフは、熊本北部にある黒石神社に奉納された足手荒神の磐座にも刻まれていた。

黒石神社は三つ巴の紋章をもつ宮で、参道は冬至の日の出に向かう変り宮である。その足手荒神は参道入り口の鳥居の横に、簡易なブロックで囲われた磐座だが、お宮よりお花の入れ替えは多いようで、地元の道祖神的な民間信仰の対象となっているようだ。その足手荒神の磐座には、正面に足手荒神と縦に印字されているが、左側面には、複雑な石工の技術でかぎ状に面取りが施されている。そして、その反対側の側面に古拙文字・フェニキア文字で∩の字Gが刻まれていた。

この黒石神社付近には縄文遺跡も多く、古代石器製作所遺跡なども発見されているが、そこのご神体山の名は弁天山という。その黒石神社のガラム神を祀った磐座とまったく同様の磐座が、お池さんの弁天様の沢に奉納されていたのだ。

黒石神社のガラム神

弁財天様のガラム神

その後の調査で、このお池さんの下流域の岩坂地区にガラム橋というところがあると情報が上がった。行ってみると小さな橋に「がらん橋」の看板がある。横を見るとお地蔵様が祀られていた。お地蔵様の前で手を合わせるとなんとそこには盃状穴石を立てて祀ってあった。しかもその横の丸石の上部に十奉るの先刻が刻まれている。今でも村の人々は盃状穴を祀っているのだ。

がらん橋の看板

祀られる盃状穴石

塩井神社にはソロモンの民が奉納した磐座が……

袴野（ハカマン）という地区の村の鎮守であるこの塩井神社は、村の水道の水源を祀る神社である。境内はほとんど湧水池となっていて、その水源からは無数の水道のパイプが各家々にひかれているが、どうどうと湧水が池に流れ込んでいる。

この湧水池に、古代海洋民族が多くの磐座を奉納し、ペトログリフを刻んできたのだ。海洋民族は川を遡上してきて、水源に磐座を置き、山の神を祀る。塩井神社を祭る袴野の本殿とされる山ノ神はやはり俵山中腹にある山の神という霊場の森をさしていた。村人は正月にその山ノ神の磐座のお神酒を挙げ注連縄を交換してきた。それは、命の水に対する感謝の行事であったのだろう。その本殿に対する拝殿となるのが塩井神社であったと考えられる。そこに無数のペトログリフ岩を奉納していた海洋民族がいたのだ。

消された碑文石

川から塩井神社の湧水池に入ろうとする落ち水の入り口左手に一つの据え石がある。

それには、額に三角の△ド神が刻まれた牡牛のペトログリフがある。その牡牛の角の先はその磐座の上面に出ているが、その両方の角の先にジャスラ蛇神のペトログリフが刻まれる。その磐座のペトログリフに手を合わせるとその先は真北に当たり、北極星を遥拝していたのがわかる。そして、90度右に向かうと東になるが、そこに水源の水口が祀られていて、そのずっと先の山の神の森の中の磐座に向いている。

船石

最初の磐座を過ぎて湧水池に入ると、そこには舳先を北に向けた船石が奉納されている。上が平らに削られた1・5m長の船石は、そのまま供物台として祀ったのだろう。舳先にあたる部分に約20㎝程のペトログリフがあるが、それは七枝樹といい、シュメールの宇宙豊穣のトーテムを刻んであった。今の船にはあまり見られないが、スペインの帆船などには必ず舳先に女神が乗っていた。また、戦艦大和の舳先の菊の御

船石と舳先の七枝樹

消えた碑文石

門は印象的である。

ジャスラ石

その船石の近くに、60㎝大の丸石があるが、その上部に菱形の頭の蛇の線刻のペトログリフが刻んであり、しかもその頭付近には、方位磁石が360度回転するような磁気異状がある。水の中の浮石状のものだが、そこだけ磁気が抜けてないのも不思議なことである。ナーガ神を祀る海洋民族マカン族のトーテムと思われる。

雨乞い石

ほかに3個ほどの磐座が池の中に奉納されている。一般の方々は、それらを普通の岩が転がり込んだくらいにしか思わないかもしれないが、これらの磐座の表面には、無数の穴が空き、引っかいたような線がある。ドットアンドレインといって古代の雨乞いの依り代として使われる祭祀の磐座である。

水の神

ジャスラを祀る磐座

各地の雨宮神社には、このような磐座が注連縄で祀られているはずだ。しかもここの雨乞い石の一つには、三本線を三角で囲った水の神のペトログリフ△まで刻んである磐座が見られる。

以前、この湧水池からヒスイの玉が見つかっている。しかもそれには直径0・8㎜ほどの穴が通されていた。そのヒスイの年代測定を京都大学に依頼した。その答えは、6000年前のものというものだった。ここ西原村のもっと山寄りの縄文遺跡からは、やはり6000年前の石刀が発掘されていて考古学的にも面白い。また、遺跡から見つかるやじりは黒曜石が主流だが、そのほとんどはシベリア産の黒曜石で、一部大分の姫島のものと背振山のものが含まれるという。

雨乞い石

山の神はコダマの住む森

牧草地の農道を、俵山に向けて登っていくと、山の稜線が大きく楔形に切れ込んだ場所がある。その近くまで登るとそのV字に割れた谷間の真中に三角に聳える小山が出てくる。それは俵山の頂上の一部を下から望むものだが、異様を誇るその景観の谷間に山の神の森があるのだ。

俵山に降り注いだ雨は、その周囲の山に囲われた谷間に集まり、その割れ目の谷から神の水として注がれていたのだ。その谷はコチの谷と呼ばれる谷で、山の神の森は、真東に向かってその神の門を開いている。

真西からその神の門を覗くとその奥に山ノ神の森が広がり、コチの谷の中央に俵山の頂きが聳える。まさに山ノ神の神殿がそのコチの谷に築かれていた。彼岸の日、朝もやの中に東から昇る太陽の木漏れ陽が森の木々の間に差し込み、神々しい景色

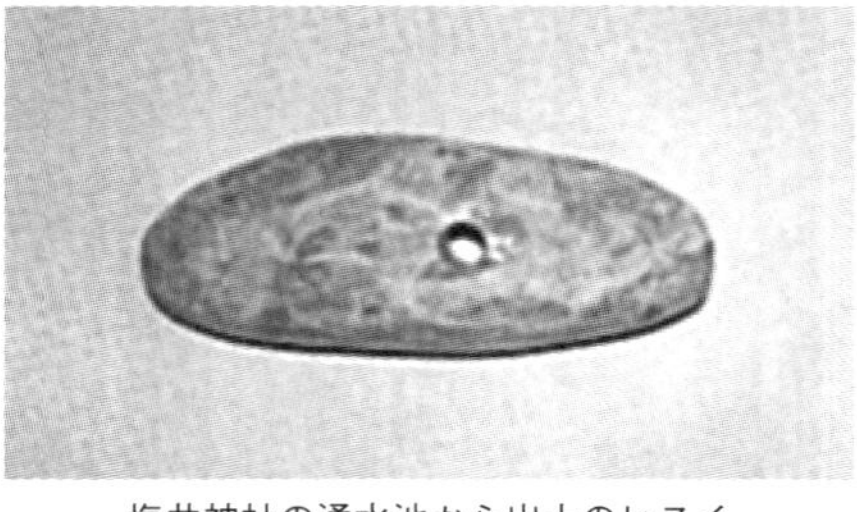

塩井神社の湧水池から出土のヒスイ

を作り出していた。

その森に入る入り口は、4mほどの二つの大岩の間を沢から入るのだが、その両袖は円形に刳られていて直径2・5mほどの円形の入り口となっている。また、その入り口には、やはり舟石が据えられていて、船の上部は入り口の円形に合わせたように曲面に削られている。しかもその舳先は、90度に削られていて、礎石部分も90度に削り込まれ舟石を固定する受け台となっている。

石の門から沢を伝って森に入ると、自然と心が静まっているのがわかる。世間の喧騒を忘れ一時の静寂に身を置くと、森の声が聞こえてくる。沢山の古木が語りかける。風の音か鳥の囀《さえず》りか、たった一握りほどのこの森が深遠の森のような錯覚を起こす感覚に陥る。ある時、私は娘を連れて行ったことがある。8歳になる娘が、沢の中から赤い勾玉のような小石をひろって、「パパ、この石もって帰りたい」といった。私も何気なく「うん」と返事をした。すると、森がざわざわ

コチの谷

山の神入り口を内部より

と騒々しくなってきて、何か胸騒ぎがするような感じだった。娘も怖がっていて、その小石を樫の古木の下の岩の上に置いた。とたんに森はシーンと静まり返って何もなかったような空気に覆われた。今でもその意味はわからないのだが、森にコダマが住んでいるのだろう。

この話を、友人のスコットランド人のクリス君に話すと、連れて行ってくれというので、再びその森に立った。すると今度は、そのケルト人のクリスがその樫の古木の下にひざまずいて泣いていた。森の最も古い樫の木はケルトでは神木であり、この古木の根っこには数枚の石板を抱き込むように木が育ち、瘤《こぶ》のあるこの樫の古木にクリス君は感動して涙していたのだ。

後日彼は一人でこの森に来てバグパイプを吹いてきたと報告した。しかし、彼をこの山ノ神に連れて

森を抜ける沢の流れ

森の古木・神木の樫の木

行ったのは、それとは別にもう一つ大事な理由があった。

山の神祭祀場にスコットランドのカップアンドリング

この小さな森を出て、草原に戻ると目の先に俵山の稜線の小丘が望める。

丘の上部に無数の岩が点在しているが、その一部に釣鐘を伏せたような磐座が見える。300mほど離れた丘だが、歩いて20分ほどのところ。真っ直ぐに進もうとすると、一旦谷に下りて再び急坂を登るという厄介なところ。しかしこの一帯は牛を放牧してあり、その牛が作る道がある。牛道といって幅30㎝ほどの細い道が出来ていて、これをつたって歩くと少しは遠回りをしているようだが、足も軽くアッという間に目的地に着いてしまう。何とも不思議な道である。やはり牛は神様なのか。

その小丘の頂きに辿り着くと、多くの岩が点在しているのだが、実はその配列には一定の法則があった。その小丘は、山ノ神の森を唯一見下ろせる丘で、四方に展望の開けた祭祀場として条件のよい場所である。山ノ神を本殿だとすると、この丘の上は祭りの場であり、各地との連絡の基点となる場所であったのだろう。釣鐘状の磐座を中心にいくつかの祭祀用のペトログリフ岩が見つかった。

北極星を狙うヒールストーン

その釣鐘状の磐座は、北の阿蘇外輪山の一角に聳える鞍岳の頂上に向かっていて、頂上と同じ形をしている。しかもその釣鐘状の磐座と鞍岳とは子午線上の関係にあった。つまり、釣鐘岩から見て鞍岳の頂上に北極星があるということである。釣鐘岩はそのヒールストーンとなっていた。

亀石

そのすぐ隣りに1m大の平石があるが、この上部表面には、とても深い線刻のペトログリフが刻まれている。何か占いのもののようにも窺えるが意味はわからない。ただ、石の上に火を焚いて神に生贄を捧げよという旧約聖書の供犠の様式には出て

鞍岳をねらうメンヒル

カップアンドリングマークもある亀石

きそうな岩である。占いのような深い刻みの溝は、確かに火を焚くには適している。例えば、西に陽が沈み祭りが始まり、火を焚くとその火は下のツンガ塚にも見えるし、鞍岳、金峰山の拝石山にも光通信のごとく同時に祭りの開始を確認できるのだ。

碑文石

私が最も注目したのは、その二つの磐座の北隣りにある平たい据え石だ。

そこには無数のカップアンドリングマーク（盃状穴の周りにもう一つ輪の線刻を持つもの）が彫られていて、その中央には直径15㎝ほどの盃状穴があり、その盃状穴には蛇の尻尾の線刻が刻まれているのだ。

このカップアンドリングを刻んだペトログリフ岩がスコットランド・バリーミーノフ村のスタンディングストーンのものと瓜二つなのである。

文様はそれだけではなく、周囲の据え石の幾つかから見つかっている。据え石にカップマークや渦巻き紋様などを刻むペトログリフは、やはり英国のローデンシャーヒルのカッ

スコットランド・バリーミーノフ村のストーンサークル

プアンドリング岩などと同様の形式であるが、ここに刻まれたペトログリフは岩の東面に刻まれている。西に沈む夕日との関係性を示している。また、この碑文を刻んだ岩は、無数ある岩の中でも鞍岳が見える範囲にしか存在しない。

子午線上に帆船と上弦の月の線刻岩

鞍岳とヒールストーンを結ぶ子午線は南へと続いている。ヒールストーン、亀石と碑文石の集まるいわゆる祭祀場で、子午線を南方向へ望むとすぐ目の前に二つの磐座が並ぶ。それをもっと先に眼をやると、そこには一の峰が聳え、手前二つの岩はその一の峰に形を似せて配置されているが、それにもまして驚いたのは、一番手前の岩の面には、帆船と上弦の三日月の線刻画が描かれていたことである。普段は草で見えない場所に描かれたこのペトログリフは、阿蘇

カップ＆リングとナガ蛇神

帆船と新月のペトログリフ

の年間行事である野焼きが春の彼岸前に行われるが、その野焼きの後の彼岸の祭りにここに来て探査会を行った際に発見したものである。

その帆船は、今にも一の峰から空に向けて飛び立とうかしているように見える。しかも、上弦の月は深夜を表す月であり、薄い三日月は新月の月を表している。ということは、ある新月の夜に祭りを行った海洋民族であるということになる。新月をトーテムとする民族、ヒッタイト系アーリア人つまり古ペルシャの水軍の渡来ということになる。

メソポタミア文明を継承した古ペルシャの王ダリウスの神殿には、牡牛神が祀られ、玉座には十六花弁の菊の紋章が刻まれている。この直下のツンガ塚の馬頭観音には牛頭大王が祀られているが、これも至極当然ということになる。

この船石と一の峰の子午線をさらに南へと進むとそこには、キド石列石群の磐船に行き着く。

キド石遺跡の船石が示すものは、ラピュタの火伏せの祈りである⁉

ここは木山川の源流地帯のマウンド状の山にあり、５ｍ大の鏡石と立石群に３ｍほどの船石が配置されている。

その船石の船尾の方から上部によじ登り、そこに顔を出して船首の方向を見ると、舳先のその先に、普賢岳（当時爆発の直後であった）の噴火の噴煙が立ち上っていた。この木山川は、熊本市東部から阿蘇外輪山南西斜面に流れる川で、5000年前の熊本平野の河口に当たる付近に健軍神社という古社があるが、その1.5kmもの参道は真っ直ぐ普賢岳を目指していて、鳥居から参道を望むと、その先に三角形に聳える普賢岳が見事に見えているのだ。

また、地図で確認すると、その健軍神社はキド石と普賢岳を結ぶ線上にしっかりと位置していた。また、健軍神社の末社三社が鳥居の横に並んでいるが、その最初の宮は雨宮神社であり、そのご神体岩が宮の前に鎮座している。その穴だらけの磐座は雨乞い岩に間違いないが、その磐座の表面に大きな三角形△ド神の線

普賢岳を望むキド石の船石

健軍神社参道

刻が確認される。この雨乞い岩と同型の磐座がやはりキド石の祭祀場に見られた。

しかし、キド石遺跡の本来の意味は、ラピュタにあった。６５００年前押戸石を築き、世界の地震シンドロームを治めようとしたラピュタの火伏の遺跡であったのだ。しっかりと普賢岳を睨み、大地に願いを込めたのであろう。

古代ケルト系海洋民族とシュメール系海洋民族の村

この阿蘇の外輪山の西斜面に位置する西原村は、木山川流域を川原（カワハル）地区といい、鳥子川流域を山西地区といっていたものが合併し西原村となった。その両川の分水をなす丘の布田地区に今の役場がある。西原は実は二部族の海洋民族からなる村なのである。事実、村議会はいつも二派に分かれているとか。

河原の木山川流域がケルト系海洋民族で、鳥子川流域がシュメール系ペルシャ・フェニキア・ソロモン族の領域ということになろう。

地名・字名も木山川沿いには、タタラ・イオウジ・ガラン原などケルトの鉱山師に因む名前が並ぶ。タタラは鉄の製造を表し、イオウジは銅の鉱山をいう。ガランは金属加工技術の神、石工の主神の名でも或る。特に銅細工の神をシュメール語で「ガラムドウヤ」といった。

タタラや金山、イオウ、金剛山などの地名には、必ずといっていいほどガランやガランドウなどの地名や磐座祭りなどの関連性があり、各地にある地名をよく調べてみるとセットになっていることが多い。また、渡来系の鉱山師が山に残り、里村の村人からは鬼と恐れられる存在となったこともある。鬼の岩屋なるものが各地の山々に残っていると思うが、この西原にも鬼の岩屋があった。

一方、山西の鳥子川は、白川の大津町岩坂から支流を上っていくと、その分岐点に甑神社があり、次の分岐点に鳥子神社があり源流が揺ヶ池神社で、その先は俵山までの一直線である。他方に鳥子神社、塩井神社、一の峰のラインもある。

実は、甑神社、鳥子神社、揺ヶ池神社、俵山の直線はそのまま外輪山を内側まで延びていて、南阿蘇村の白川上流と交差するが、そこに祇園橋があり、袂に八坂神社が建っていた。京都の最大の祭りは祇園祭りだが、牛頭大王（スサノオ）を祭神とする八坂神社の祭りである。

ここ西原村のこの神社ラインを見てみよう。甑神社は岩坂地区に建つ。イワサカはイヤサカやヤサカの訛りととれる。揺ヶ池神社のマウンドは牛頭大王を祀り、祇園の八坂神社へと続いている。しかも、甑神社のコシキは輿来とも書き、いわゆるヨルダン川からモーセの十戒石を収めた輿を持ち上げたダビデ王のお祭りの御輿がこの白川からあがってきたことを意味している。

この西原村は、火山の鉱物を目指したケルト系の民とそれらを治めたヘブライのソロモン一族、シュメールの神々を信奉し、ツールを海都とするフェニキア人たちが、土着の森の住人たちの山の幸とお塩を交歓するバザールを作った。季節の節々で祭りを起こし各地の居留地との連絡を行い、文化・民族の交流を行う重要な地域であったことが窺える。それも、神から与えられた腐らない水の存在が大きな要因となったのであろう。

古代海洋民族の居城・天草

九州西部に抱え込まれるように広がる天草諸島、国定公園の風光明媚な島々の中で、上天草市の中央に位置する姫戸町。その姫戸町の後背部に連なる矢岳で森林活性化事業のための道路造成の測量が行われていた。

平成7年のこと、測量を担当した現場監督から町の担当者に、道路予定地に多くの列石が並んでいるが、それらの多くには異様に穴の開いた岩があり、ただの岩ではないのではないかという報告が上がっていた。役場の産業企画課から著者へ探査の依頼が届いた。そこで、役場と地元の歴史研究家の有志との探査会を行うこととなった。

姫石神社の女神神話

姫戸の役場の前にあるこの神社は地名の由来となる神社である。昔々あるとき宝船に乗った姫が漂着し、宝の石袋を残していった。後にこの地を姫浦とした、と伝わる場所だ。神社の境内に行くと船をつないだ船繋ぎ石と石袋が注連縄で祀られ、男女神とされていた。宝船はフェニキアの商船で、シュメール系の神々の末孫のイナンナ金星神の姫が逗留し、ここに主神アンの宮を置いたものと考えられる。何故か、大正時代に奉納された蹲には、シュメールの天神の「ディンギル神」をモチーフにしたマークが彫られている。そして今でも、ここの大字は天神という。また、イナ

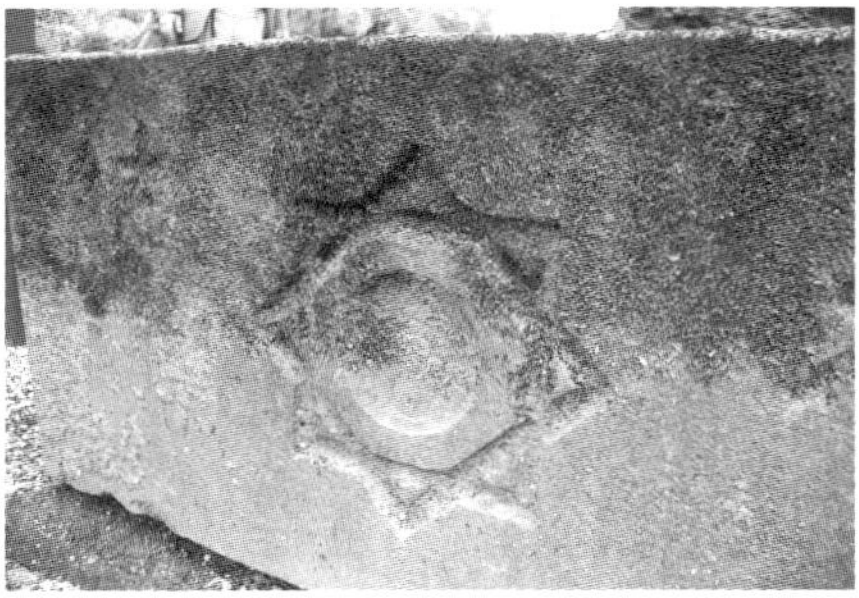

天神アンのマークを使う

ンナ女神は15の数詞で表されるが、この天草には十五社宮というお宮が44社もあり、その名の由来を明かしたものはどこにもない。

矢岳の巨大ドルメン

最初の探査会に参加された中に80歳になる古老の鍬田さんという方がおられた。その翁の話に、昔矢岳で山火事があった。翁は矢岳神社に駆け上り、神社のご神体を守るべくその一抱えの丸石二体を荷《にな》い外に出ると、もうすでに火が廻っていて山頂に向けて逃げるしかなかったという。神社の裏手に少し上ったあたりで火の手に撒かれかけたとき、大きな岩の岩屋の穴があり、そこに逃げ込み一命を逃れたそうだ。その時、その岩屋がとても不思議でただの岩屋ではなかったと記憶していると私に話をされた。私たちはその岩屋を目指すことにした。

神社を出て、岩伝いに裏山に登ると、樫と生の椿の林に出る。それを突きぬけて上ること100mほどで少し開けた場所に出る。するとその藪の中に15mはあるような巨大な岩が浮いて見えた。

実は、これは長さ13m幅6m厚み2mもある天井石が5個の石によって支えられるドルメンであることがわかった。真東に頭を向け、迎角28度の勾配を持ち、矢岳の南斜面に積

5個の石によって支えられるドルメン

堺石

タヒチにあるトランペット岩のようなサメのレリーフ

み上げられた磐座で中に岩屋を持つドルメンである。

その南前面はなだらかな広場になっていて中央に祭壇石様の磐座が置かれている。このロケットの発射台に似た格好の天蓋石の頭付近には、直径40㎝の大きな盃状穴が一個見られる。そして周囲には1m大のキューブ型のサイコロ石が数個積み上げられている。天蓋石の中へ入ると中屈みで立てるくらいの空間が約8mほど広がっている。そしてその突き当たりに、周囲は斜めの斜面でありながら、そこだけは水平で先の壁は垂直な幅2mの祭壇が横たわっている。その階段状の祭壇の壁にも直径15㎝の盃状穴が一個だけ設えられてあった。

矢岳の嶺続きにツワ岳がある。無田という村の山の神で、切り立つ岩山とメサからできている嶺で、まさに龍の背中が尾根を渡っているようにも見える山だ。

そのツワという名も5000年前の北極星の神の名で「ツワン」といったその名であろう。ツワンはシュメールではアンであるが、エジプトではセティー17世のピラミッドの玄室の壁画に「龍座のツワン」が世界に水を遣わすと書かれてある。やはりエジプト系海洋民族の足跡が覗いている。しかし、その嶺続きに白岳があり、矢岳と名を変えている。この白岳は無田の隣の永目という漁村の山の神である。白岳の「シロ」は日本の古語で蛇を意味していて、永目「ナガメ」とは、ナーガ神蛇神をメ「祈る」というシュメール語で解釈できる。ナーガ神を主神とする海洋民族もやはりシュメール系のマカン海洋民であろう。

彼らの首長であるヘブライの一派は姫浦に天神を祭り、白岳を矢岳と崇めた。そして彼らを主導した船主フェニキアとその配下であるケルトの一団は、岬一つ隔てた二間戸に居留したと思える。それは今でもこの二間戸地区に造船所があり、塩造りなどのテクノロジーが残されていることと、謎の石積みや石囲いが海岸や山手に点在すること。そして、岬の突端にある「ヌルギ」という意味不明の字名が、海洋系ケルト民族の神殿「ヌラーギ」と取れること。これらは、呉越同舟で航海するシュメール系と海人達の居留地の住み分けを明かしているものであろう。

堺石

この矢岳の祭祀点を堺石においていたのだろう。

大きな盃状穴を中心に夏至方向にラーの太陽石、東に冬の大三角形の盃状穴を見ることができていたが、林道活性化工事で少し埋まったりして見えにくい。そこから北に上っていくと、ストーンサークルなどがある祭場がある。タヒチにあるトランペット岩のようなものや、サメのレリーフもあり、古代漁労の祭祀を行っていたことを思わせる。

鬼の碁盤石全景。ダムを造る以前はうっそうと森に覆われていた。

カップ＆リングを目玉にしたイルカ像

地中海文字ルーンで読める

切り出す前の目玉石

天草城河原の鬼の碁盤石

天草下島の五和町に文化財指定を受けている鬼の碁盤石という巨石がある。

この五和町は、他に鬼の雪隠石や鬼池港、鬼が城公園など、鬼に因んだ地名や遺跡が多い町だ。平成3年に五和町のダム建設が始まって、その放水路にその鬼の碁盤石が座っているので、さてこれを鬼が城公園にでも移そうかという話になった。ところが教育委員会では、文化財である鬼の碁盤石をそんなに簡単に移動させていいのかとの意見があがり、当時、熊本巨石文化研究会を主宰していた著者に検証依頼が届いた。すぐさま探査会を催し、地元の古老の案内で教育委員会と文化課の方々を伴い、碁盤石へと向かった。

鬼の碁盤石は、二江という河口から内野川を遡り、城川原という源流地域の滝場の上の沢に、ドッかと座る磐座で、厚さ2m幅4mほどの碁盤のような形をしている。その碁盤石の上面を覗いて衝撃を受けた。

突然目に入るペトログリフは、シュメール系海洋民族の祈りを刻む古拙文字の一文と何かの頭文字を表すペトログリフ。円にジャスラ蛇神を重ねた円文が確認できた。また、南側面には、深く刻んだカップアンドリングマークや盃状穴を目玉に見立てたイルカの親子のレリーフなど、古代海洋民族の願いが生き生きと刻まれていた。しかも教育委員会の話では、この下にある滝壺の周囲の川原からは、旧石器時代の石斧や石包丁、鏃などが出土しているというではないか。そんな重要な鬼の碁盤石をどうしてダム建設の放水に邪魔になるので移動させようかというようなことを安直に考え出すのだろうか。

古代海洋民族が水を求め、南洋を航海する命の水をここに求めて祈りを祀っていった証の磐座であったはずが、やはり同じ様に水を貯める人工のダムに蹂躙される現代の縮図をここに見たような気がした。しかし、町は放水路を設計変更し「大地の祈り」を大事にして碁盤石を残した。

地中海系の古拙文字で読めるペトログリフ

碁盤石上面のペトログリフの一文は、神への祈りの碑文と思える。||ᐯᒐは地中海系のシナイ文字かルーン文字だとすると||は「イル」我は祈る、ᐯは「キ」奉る、後は六つの星とᒐのガラム神であるから、「我らは六つの星の民ガラム神を奉る」と読める。

これらが記された年代はＢＣ１０００年の地中海系の古拙文字と考える。しかし、碁盤石側面に刻まれたイルカの盃状穴やカップアンドリングマークはそれより遥かに古いペトログリフであるから、ここもやはり何千年という永い間の海洋民族の祭祀場であったのだろう。

天鬼の碁盤石を乗せている滝

碁盤石にもガラム神が

環状住居ヌラーギ

水俣市北園上野遺跡

謎の円形石積み

滝場には、幾つもの鏨の跡が目立つ。滝口にも岩を切り出した跡があり、滝壺の水の中にも切り出された石板が沈んでいる。碁盤石の礎石となっている岩盤にも、丸い赤色石を抱合する部分を今にも切り取ろうとするような鏨跡が残っている。何の目的であろうか、この岩盤は花崗岩であるから丸い赤石を抱合する部分を磨けばきれいな赤目の石板が出来る。しかも三角形の石板の中央が目玉となるピラミッドの頂上石だ。ベンベン石ともいう。古代のピラミッドにでも使おうとしたのだろうか、もしそうであれば計り知れない高価な石材となる。ただ間違いなく石工がいたことは、ここが鬼の里であること、ガラム神を祀ること、カップアンドリングを刻むことなどいくらも証拠はされているのだが。

滝壺の川原には、祠が祭ってあり、樫の大木の前の変わった形の磐座には注連縄が張られていた。それは一連のガラム神の磐座と同じように複雑な石工の仕事がわかるような石物だ。正月に新しい注連縄を変えているようだった。

この川原からは5万6000年前の石器・石包丁が出土したという。その沢を少し下流へ下がると沢は鉤型に曲がる鑓水《やりみず》となっているが、その川原に数個の円形石積みを見つけた。3、4個は半分壊れているが、鑓水に近い一つは完全な形で残っていた。それは、高さ1mくらいの石積みで内径4m外径7mほどのドーナッツ型の円形施設で、幅60㎝ほどの入り口がある。

上に屋根を張れば円形石積み住居ともいえるがあまりにも川に近すぎて住むには適していないように思える。だが、これと瓜二つの遺跡をスコットランドの石積遺跡に見つけた。それはScotland Balnuaran North-eastにある羨道付き古墳で、クラバケルンといわれている。古墳というが骨とかは出てこない。大きさも4m大で天井がない玄室と説明されていて、これにもカップアンドリングマークを有すとある。

同じような石板円形住居は、北イングランドやイースター島などでもみられるが、日本にも石板遺跡として熊本南部の水俣や北部の旭志村などにも見つかっている。しかし古墳という括りで年代不詳である。それは当然巨石文化であるから、日本の文化庁では判定できないだろう。しかし、イベリア半島のケルト住居と水俣の円形住居跡は瓜二つである。

阿蘇南郷谷・清栄山の聖牛アルパ

白川を遡上すると、川は阿蘇の立野からカルデラ内部に進入してくる。カルデラ内の北

ヨーロッパのヌラーギ

中双子石妙見水源の蛇神と星座の盃状穴の磐座

シナイ山のような清栄山

聖牛アルダと宇宙神ベル

側を阿蘇谷といい、南部を南郷谷という。

白川は南郷谷の突き当りの高森色見を源流とする一級河川であるが、その源流は外輪山の東端にあたる。その外輪山東端の上に清栄山という牛神を祀る山がある。

高森のこの山までにはいくつもの水源地があるが、ほとんどに神社が祀ってある。主神はいずれも蛇神である日吉神社系だが、唯一、龍神を祀る中双子石妙見水源がある。日本水百選にも選ばれた水源だが、民家の内側にあり訪れる人はほとんどいない。

その湧水池には数個の浮石があるが、中央の一つには見事な盃状穴が施されていて、頂上のお椀大の盃状穴からは1mほどの立派な蛇の尾が刻まれている。周囲は茶碗程度の盃状穴に覆われているが、それらは何らかの法則で線で結ばれている。星座とも取れるが、盃状穴を結び合うピコ神命の神と考える方がいいと思う。蛇の紋様は西原村ペトログリフサイトの碑文石の蛇に似ているし、ピコ神は拝石山の碑文にも見られた。

牛神アルパの山

清栄山は、標高1006mの外輪山東端の一峰である。高森町内からは屏風岩の上になだらかな稜線をみせる山で、頂上を九州遊歩道が通っている。高森から日下部へ抜ける峠から遊歩道を約40分程登ると頂上に辿り着く。

そこには、数個の磐座が立っていて、最初に現われる磐座は高さ2m程のメンヒル（立石）で、数枚の礎石の上に立てられ、上り口には、両袖の付いた石段が設けられている。南面には数個の△ドが刻まれているが、左側の三角は連続の三角紋様となっている。メンヒルを北側へ回り込むとその立て面は平らな面になっていて、そこを背にするように下に下駄石が据えてあり、そこにメンヒルを背にして立つと正面に根子岳の烏帽子岩が見える。方位磁石を出すと真北を指していた。つまり、烏帽子岩の上に北極星が現われるということだ。

ところが、ここも方位磁石をメンヒルに近づけると、その表面には、左右に180度転換する磁気異状が存在していた。また、このメンヒルは、頂点が窪む水窪石にもなっていて、雨水がたまっていてその北面には、落ち水の溝が刻まれていた。

そのメンヒルから数歩のところに、1mほどの釣鐘状の磐座がある。正面に50㎝ほどの牛神アルダの紋様と下部に宇宙神ベルの線刻が刻まれている。この山を牛神とする日下部地区の人に聞いたことには、ここには彼岸の日にお酒と弁当を持ってきて牛神の祭りをしていたそうだ。といってもお神酒を供えて皆でお重の料理を肴にお酒を飲んで騒ぐだけだそうだが。この一帯の人たちは牛のことを「ダ」という。ヒヅメを手入れすることを「ダヅクリ」、かいば桶を「ダオケ」という。牛神「アルダ」のアルが省略され「ダ」だけが残ったのではないだろうか。

波動を操るペトログリフ

そのアルダを刻む磐座の前に立って方位磁石をかざしてみると、右手の根子岳の烏帽子岩が真北に当たる。

方位磁石をアルダ石に近づけて、アルダの頭付近に持っていくと磁石の北は、西を指す。次に徐々に下げていくと、アルダの顔の中央付近で、針はクルッと反転して東を指す。するとそこには大分県の祖母山の頂上が聳えている。

振り返って西の方向を見ると俵山が外輪山の上に小さな三角形を作っていた。では、南には、そのメンヒルが立っていて、その表面には、180度反転する磁気異常があったのだ。

古代、ここに祭祀場を築いた人たちには、こういう波動の作用を感知していたのだろうか。その存在を知らずにこのような場を選べるはずがない。古代のシャーマンの感性は、宇宙的波動をも感知し地球の場を祀っていたものと思われる。

山の神から拝石山の入日を望む

同じ太陽はエルサレムの真上に来ている

与那国島の海底神殿通路

北緯32度の東西線上に並ぶエルサレムへの祈り場

この牛神アルダの前で彼岸の祭りを行った。日没が午後6時48分で午後7時になると一番星が輝く。彼岸は真西に太陽が沈み、西の空に金星が輝き、南中天には牡牛座があった。これも夜半にかけて西の山間に沈んでいくのだ。

だが、この天空の図を見たときに、不思議な感覚を覚えた。それは、牡牛神を祀るフェニキアのツールの都の女王エウロペがクレタのゼウス王に海の向こうのクレタへ連れ去られるというフェニキアの神話がある。ギリシャの牡牛座の絵柄はその事象を表していて、それによって地中海の西方をエウロペの地、つまりヨーロッパとなったのだが。そのエウロペは金星の女神イシュタルであり、ギリシャでは後にヴィーナス女神となっている。アルダ神はシュメールではイシュタル女神の聖牛アルダとされていた。ギルガメッシュ叙事詩では、そのイシュタルが使わしたアルダ神をギルガメッシュ王が殺したことから人間への罰が生まれることになっている。牡牛座がシュメールの12星座宮の一番目であり、ギリシャではゼウス神となる。

東洋の思想で彼岸の祭りはスバルといい、真西に陽が沈むと霊魂は西の空へと帰っていくとされる。いわゆる仏教の西方浄土である。

ところが、スバルは五芒星というが牛蒡星であり、牡牛座の胸に位置するα星スバルをいう。インド仏教でも西に霊魂の故郷があり、そこがスバルであったということ。しかし、インドの「スバル」は実は「スマル」の転化で、膠着語でいうシュメールのことである。仏教の発生以前からあるこれらの祭祀場で、すでに西方浄土のスバル思想を行っていたということになる。この白川流域の民族の交流を見ていくとそれらは容易に思いあたることだ。しかし、この彼岸の入日を展望しながら感じたことは、もっととてつもないことであった。

この彼岸に沈んだ太陽は、今どこにあるということだった。私たちは、午後7時に一番星が出て、真西に向けて手を合わせて拝んだが、その太陽は、今7時間の時差を持つところの正午にあたっているはずである。

清栄山は、北緯32度上にある山であるから、同じ北緯32度の線上にあり、7時間の時差を持つところと考えた。まさかエルサレムでは、と思い帰って地図を見た。その線上にエルサレムがあった。そして時差7時間となっていた。しかし今その太陽を真上に掲げて崇拝する一族がいる。東に向かってひざまずき低頭し、最も大事な午餐の礼を行うイスラム教徒である。

まさに、我ら西に向かって入り日に向かって礼拝するスバル思想の東洋の民族と同じ太陽を真上に掲げて東に向かって礼拝するイスラム教徒、それは同じ太陽の下で行われる異教徒同士の礼拝であった。

1996年の暮れに「神々の指紋」で一躍ベストセラーとなった英国のグラハム・ハンコック氏の講演会が西日本新聞社主宰で博多にて行われた。

その前段の一コマでグラハム氏と私との超古代話の誌上対談を西日本新聞社本社の一室で行う機会があった。私が九州のペトログリフを紹介すると、氏は、何故スコットランドのピクト族のペトログリフが日本にあるのだと大変驚いていた。また、阿蘇の巨石サイトが北緯32度上に並び、エルサレムと同じ線上にあることを述べると、グラハム氏も北緯26度上のアブシンベル神殿から北緯28度のギザのピラミッドとスフィンクスの線を追って日本に来ていること、それが与那国島の海底神殿であることもそこで明かされた。氏はその後、世界の海底神殿を潜られて『神々の世界』上下巻を出版されている。

モーセの一族もやって来た⁉
ユダヤ伝承のお宮・幣立神宮

阿蘇高森町の清栄山の尾根は、外輪山の日下部地区になだらかに伸びている。この尾根の東方へは五ヶ瀬川が宮崎の高千穂・延岡そして太平洋へと流れ込み、西方へは緑川から有明海、東インドシナ海へと流れ込む。

その分水嶺にあたる山都町大野に謎のお宮・幣立《へいたて》神宮がある。この幣立神宮の本殿の屋根に降る雨は、東棟に流れる雨水は宮崎太平洋側へ、西棟に流れ込む雨水は緑川から東シナ海へと流れ、九州を二分する尾根となっている水分けの宮で、世界の水分けの地とも

幣立神宮の御神器の一つの五色神面

言われている。

前の春木秀英宮司がまだお元気だった頃、この宮の不思議な伝承のお話を聞いた。それによると、今から6000年以上前に、大宇宙より火の玉と水の玉が降り立ち、この地に宇宙万物の根源を発せられた、そしてその依り代として檜の大樹が生まれ、宇宙豊穣を約束された。それにより世界万国から人民がここに詣でて人と神、民と民との和合の地となり、人々は五色の御幣と五色の面を奉納された。

また、その中に出エジプトの後に、モーセの一族もこの地に詣でてユダヤの神器である水の玉と火の玉を奉納されたが、火の玉は、草下部神宮に分納された。しかし、この火の玉は第二次世界大戦の後、GHQによって召し上げられてしまった。幣立神宮の水の玉は春木秀英宮司がかたくなにこれを守り通し、現在の宮の神器として残されたと聞いた。

私がこの宮と出会うことになったのは、海洋民族フェニキアやソロモンの民の足取りを辿り、緑川を河口から川を遡り民族の居留したであろう地名・津留、平原（ヒランバル）、志道原（シドンバル）、矢部（ヤハウェ）、七滝、聖滝などを追って源流の地へと検証を進めていた時のことで、最後に行き着いた分水嶺に大檜に囲まれたこのお宮と出遭った。

その時、秀英宮司は宮を高帚で掃除をされていた。宮司は私に「何しに来たね？」と尋ねられた。私は前述を伝えると、にこっと笑われ「ここはユダヤのお宮だよ」言われた。

そして、しばらく待つと五色神面や水の玉、濃い緑の石に書かれたアヒルクサ文字の石板を見せてくださった。そして、宮司は私に「神功皇后も甲佐神社に兜を奉納され、そして幣立神宮に奉祝された。また、阿蘇のどこかに鉾を納められた。熊本市の龍田山にある豊国廟の後ろの磐座は国常立命の墓だよ」などといろんな話を聞かせてくださった。その時は意味もわからずに、30年たってしまったが、今そこが大事な、大きな歴史のつながりを知らせていたことに気づかされたのである。

宮の東方にあった参道の入り口の大杉から一歩参道に踏む込むと、大地から頭の先までズンとくる波動を感じて体中の毛穴が総立ちとなるような感覚を受けた覚えがある。平成9年の台風のために杉や檜の多くが倒れ、その神々しさが失われているのは悲しいことである。

ソロモンとフェニキアの王ヒラムの民が遡上した緑川

黒潮で九州に入り込んだ海人族は天草を経て不知火海へ到達する。そこで最初に出会う河口が緑川の河口である。

当時の海岸線は中央村の堅志田まで後退していて、そこの若宮神社が最初の上陸地点だと思える。度重なる渡航は、流域に民族の居留地がここそこに出来ていき、それに民族の特徴を捉えた呼称が付いていく。これが地名であり、民族の出身地や信奉する主神の名、民族の王の名などが付けられた。

これらはフェニキア式命名方で、ケルトの王ハンノがバール神を信奉なさるのでハンニバルと名づけたように、バール神の名やナーガ神の名が圧倒的に多いが、ヒラム王の海都のツールのように出身地の名も多い。例えばリトルトウキョウやニューヨークなどである。また、民族人種の呼び名そのままの地名も見られる。古代日本には、流通する文字はなく音の伝播が主であった。地名が漢字となったのは天武天皇の時代に「アイヌの地名を二字の漢字の嘉名にて奉れ」との勅令が出され、日本の地名が漢字のあて名となったからです。

堅志田の若宮神社から緑川を遡ると、次の地区が「平野原」とある。地元の呼び名は「ヒランバル」といい、バール神を信奉するヒラム王となり、フェニキア族の村ということである。その隣の地域は「曲野」「舞鹿野」などがあるが、地元で聞いてみたら「マガン」といっていた。シュメールの三大海洋民族マカン族そのままだ。

次の村は中央村の役場がある都留「ツール」で、今でも山での経済活動が盛んである。緑川を次の砥用町まで進むと、「志道原」という村があり、呼び名は「シドンバル」となっている。「ソロモンの船人、レバノン杉で帆を立て櫂を削る……」と旧約聖書に出てくるフェニキアのシドン人で、造船技師などの技術者たちの民族の名で、やはりバール神を崇める。ソロモン海峡から北上した一族であろうか。南下した多くはシドニーで一大海洋都市を築いている。

また、緑川は七滝や聖滝などソロモンの匂いのする滝場の多い山間へと進むとその先が「矢部」で、ヘブライ人の神「ヤーベ」を奉る町となる。そして、緑川の源流に到達したその地に幣立神宮があり、その宮の伝承にユダヤの伝承があった。

緑川流域はケルトの石工「メーソン」の村々！祀りの印盃状穴があった⁉

この緑川流域には、フェニキアの船主とソロモンの民とインドシナ海の海人族マカンのクルーが多く渡来して居留地を作っていたことが窺えるが、フェニキアとソロモンの船には必ずケルトの一団が同行していた。

川の流域には、その足跡になるよう地名はみあたらなかったが、緑川流域には数百にも及ぶ眼鏡橋がある。小は田んぼの畦にかかる石橋、大きいものは矢部町の通潤橋《つうじゅんきょう》が有名で、水道を通し、橋の途中から水を落とす農業行事の落水が行われる。また、霊台橋など文化財的にも重要な石橋の里でもある。

流域の尾根一つ越えた東陽村や五家荘には、多くの石工たちがいた。加藤清正はその石工を大事に登用し、その技術力を大変評価していたことが伝わっている。江戸城の二重橋や、熊本城、名護屋（呼子）城など彼らの作であるが、石工「メーソン」として表舞台からは消えていたものと思われる。しかし、江戸の末期に築かれた霊台橋の橋の中央の欄干に、東に向けて3つの盃状穴が掘られている。やはり石工は自分たちの祀りの印は残しながら、石橋の行く末を願って祀っていたものと思われる。

矢部町の通潤橋の放水

シュメールで謎の海洋民族ディルムン、マカン海人族と融合したラピュタは、日本の緑川の地に祭祀様式の盃状穴を刻み残していった⁉

この緑川は古代には多くの航海の歴史があったことだろう。5000年前、海水面が今より高く、内陸に大きくいり込んだ海岸線は、前述の豊野村や中央村の貝塚の出土からもよくわかる。

宇土半島の付け根に五色山がある。幣立神宮の五色の面の五色人と何らかの関係がある山と思えるが、その麓を通る国道3号線は、5000年前を見ると海峡が入っていて宇土半島は宇土島であったことがわかる。その海岸の内陸側には、曽畑地区があり、宇土島側には轟地区があった。地域の謂れに、曽畑と轟は海峡を挟んで石を投げ合って争っていたという伝承を聞いた。5000年前の話をしているのだ。

その曽畑には優秀な縄文土器があった。曽畑式土器と呼ばれる縄文土器で、6000年前頃から環太平洋、ベーリンジャーやエクアドル、また、バルト海からも発見されるワールドワイドな土器である。

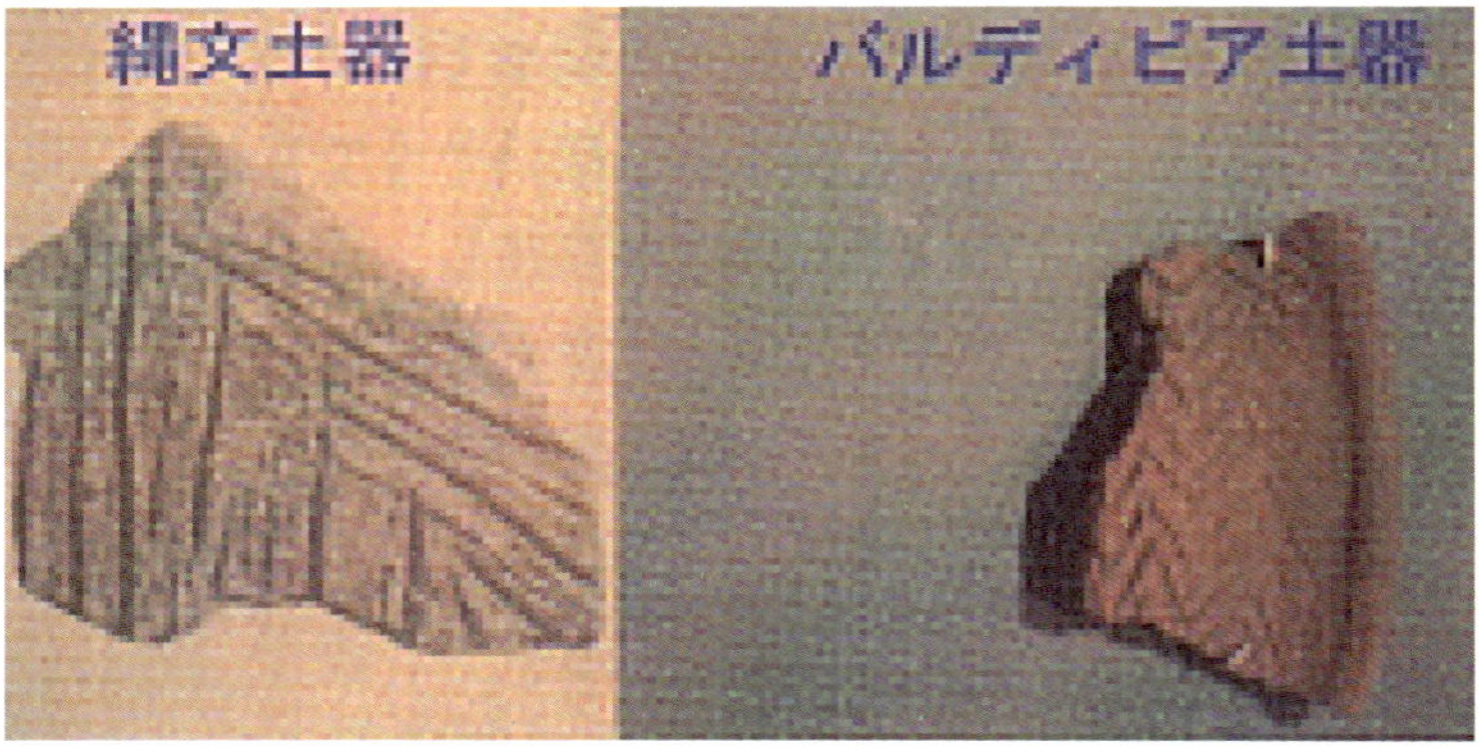

宇土の曽畑式土器

宇土・不知火町の桂原古墳に描かれた帆船のペトログリフ

彼らは、轟式土器と共に縄文土器の代表的な作者で、タヒチやイースター島などにこれらを残した海洋民族であり、この海洋民族こそ宇土島、天草を本拠地とした謎の海人族ラピュタであったと思える。

時代は下って古墳時代にも、多くの帆船がこの不知火海を航行している。その模様を不知火町の桂原《かずはら》古墳の壁画に残してあった。16杯の帆船とイルカの絵を石の壁面にペトログリフで残してあるのだ。

また、この静かな内海に、景行天皇が船より上陸し釜田の丘に腰掛け、海を眺めた。すると海に不思議な炎が広がった。景行天皇にこの不思議な光を「不知火」と名づけ不知火海が生まれたという故事がある。9月の八朔の一夜にしか出ないこの不知火は、今でも原因がわからない不思議な火である。

その不知火海から陸を眺めると、黒々とした三角形のきれいなピラミッド山が聳えるのが見える。甲佐岳という緑川下流域の霊峰として崇められている山である。その裾野の御手洗水源という水場がある。

甲佐岳

御手洗水源のタルシシ船と盃状穴

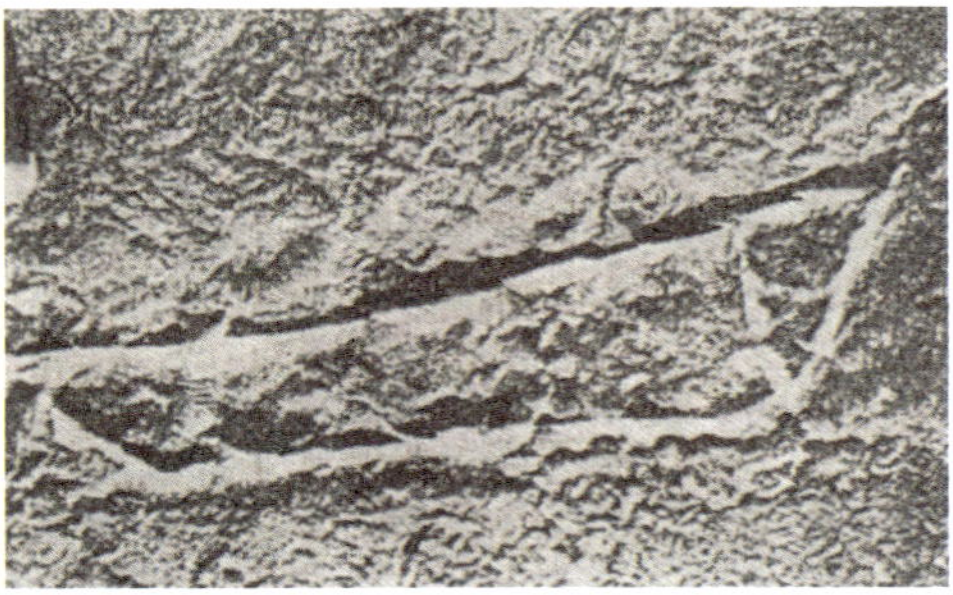

マウントホープのタルシシ船の線刻

通詞島東ドルメン

そこにも大きな浮石が湧水池に据えられているが、やはり表面には多くの盃状穴が刳られている。しかも、この盃状穴岩には、もっと重要なペトログリフが刻まれていた。

その線刻は、アメリカのマウントホープの丘で発見されたフェニキアの鉱山船タルシシ船の線刻画と瓜二つなのである。ハーバード大学のバリー・フェル教授により解明されたその線刻画はＢＣ８００年頃にアメリカ内陸まで到達したフェニキア人の渡来の碑に刻まれたものだった。

豊野の御手洗水源のこれも、そのタルシシ船の特徴とされる尖った舳先と丸みを帯びた船尾に斜めにわたされた櫂の図柄である。そして、真東に向けて突き進むタルシシ船を刻んであった。ソロモンの民とフェニキア人が共に動いたＢＣ８００年台、緑川から天草、インドシナ海、環太平洋と５０００年の航海の歴史は確実に刻まれていた。しかし、この時代はすでにラピュタはシュメールで謎の海洋民族ディルムン、インドネシアのマカン海人族などに融合していて、少しの性格が見える程度になっていた。でも１万年続けた海洋民族の祭祀様式の盃状穴は綿々と残しているのだ。

縄文製塩場も発見!! 通詞島はフェニキアの海都ツールである!?

この海洋を出入りした古代海人たちは、山の鉱物、造船の部材そして大切な水とそれを詰める縄文土器などを集結する島を作っていた。

陸から2300mの細長い島で、間は海流が早く部外のものから守られる島である。そこには、熊本の菊池、阿蘇、城南などの土器、三万田土器、曽畑式土器、阿高土器などが残されていて、6000年前の細石器、黒曜石などが大量に出土した。

それだけではなく、縄文製塩場が発見された。その製塩方法は、足高の器を並べ、その下で薪を焚き、器に塩が結晶を作ると足の部分を割って器だけを持っていく。なんと合理的にできているのだろう。縄文人の知恵を感じる。またこの島は東西に長く出来ているのだが、東西にドルメンが一基ずつあり、近くに六角井戸があった。海洋の島に真水が湧くことは、ラピュタが開発して大事にした証である。因みに、島や海岸に六角井戸が無数に見つかる。島原の弘法大師の六角井戸、五島市福江の六角井戸、相島の六角井戸など。京都の橘氏の六角井戸には、無数の盃状穴が彫られていた。橘は島原の千々石の橘神社に日本渡来の謂れが残っていて、佐賀、久留米が橘藩である。

通詞島は古代文化村

天草下島最北部の島で、天草灘を挟んで島原串の津港と向かいあっている要衝。古代から海神族が活躍した跡が多く残っている。日頃は、イルカウォッチングの観光地である。しかしここには6000年前からの土器、石器、漁労の品々が多く展示されていて、古代海洋民族の生活や流通を見ることができる貴重な五和歴史民俗資料館がある。

熊本南部人吉に天神族の足跡

相良村雨宮神社

九州山脈の中央部の盆地にある相良村は、五木村、五家荘など平家の落武者の里を流れる川辺川が球磨川と合

島原冨津の六角井戸

スコットランドの海岸ドルメン

古代製塩場と放置された
高盃台の足

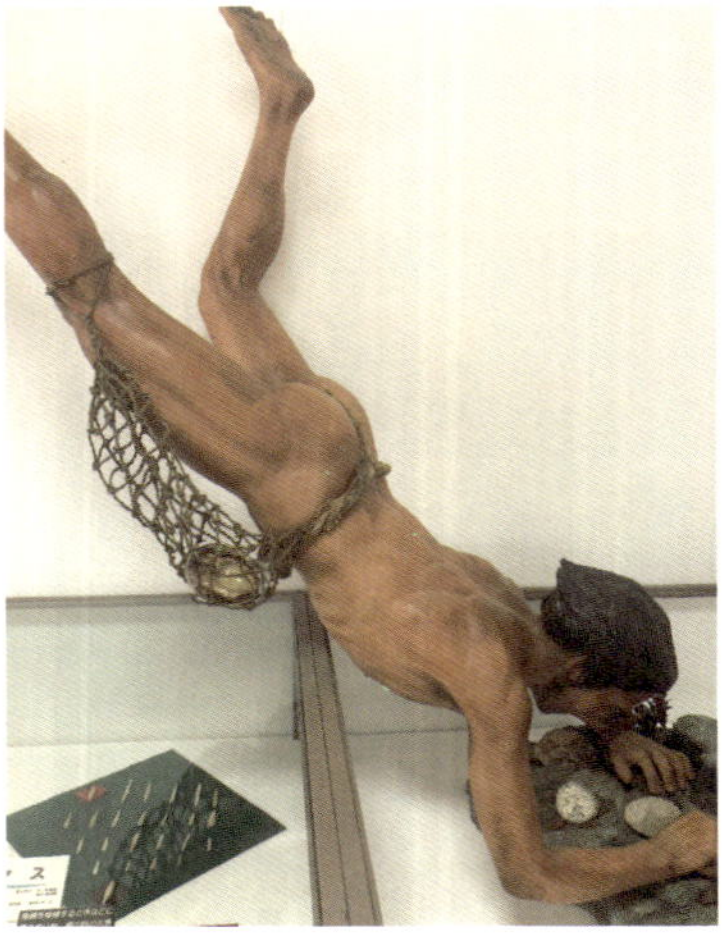

漁労の生活

流する地域の村。今、川辺川ダム建設で揺れている村だが、上流地区の五木村にダムが出来ると、ダムの直下の村のためダム建設反対を表明した。

もう20年以上もダム建設の準備は進んでいて、最上流地域の五家荘などの沢は、取り付け道路建設などでブナの原生林が消えていき、奥山というのに高速道路のような護岸工事が進み、川は濁り、一時は川に流入した赤土のために川の魚が全滅したこともあった。

また、照葉樹林の間から注ぐ木漏れ日の中のドライブは本当に心地よいものだったが、今では照り返されるアスファルトの道路で奥山を散策する風情はなくなってしまったのは悲しい現実だ。

その川辺川の最下流部の河川の

永江雨宮神社

出雲の空中神殿

ウルク市のアンの神殿

真中に見事に聳えるピラミッド山がある。高さは50m（実は高さ43m、出雲神社にあったとされる空中神殿と同じ高さ）ほどの小山だが岩で出来たきれいな神奈備の山、これが雨宮神社である。麓に鳥居があり、そこから一直線に頂上まで階段の参道が続く。頂上に登ると平らな広場があり、こぢんまりとした社殿があるが、どちらかというと集会所みたいなものだ。しかし、ここのご本尊はこの社殿北側の裏手にあたるところから階段を数段下に下りたドルメンの中にあった。

階段下に石の門のようなドルメンがあり、それを潜ると約1坪ほどの岩の上に立つ。そこから先は絶壁となっている岩場の上で、岩を刳った祠みたいな場所だ。この宮の名前で分かるように、「アマミヤ」はいわゆる天神アンの宮で、北極星のアンを祀る宮である。このドルメンを潜って祠に座すと正に北の天空の神アンと正対するような場所である。

ドルメンを潜ることにより神奈備の大地の母神の体内に入り、天神の命を授かる宇宙豊穣の祈願が行われた宮

三産潜り

メンアントゥル

であったのだろう。この宮の謂れに、三産くぐり「シャンシャンくぐり」といってドルメンを三度くぐると子宝に恵まれると記されている。しかも「サン」を「シャン」と発音するのも膠着語の持つ特性でシュメール系民族の特徴でもある。また、ドルメンを三度潜って子宝を得るという風習は、ブリテン島ケルトの風習で、有名なMen-An-Tolの三度の石穴潜りと共通する。

この川辺川と球磨川との合流地点にこのような天神アンと大地母神キの神殿を築き、大年の祭りを行っていたということは、この川辺川と球磨川流域は莫大な宝の山を生み出していた古代の重要な地域であったということである。シュメールのジッグラトに匹敵するこのアマミヤは天神一族の河岸神殿としてここに築かれていたのだ。

人吉に残るダリウスの紋章・十六花弁の菊の文様

川辺川と球磨川の集まるこの地区は、当然山から産出する銅、タタラ、金などの集積地であり、相当な豪族が統治していたことが窺える。それは、河岸に広がる横穴遺跡の多さでもわかるが、その中の一つに特筆すべき京ヶ峰横穴古墳群がある。

京ヶ峰横穴遺跡は、川辺川が球磨川に流れ込む突き当りの岸壁に削られた横穴で、平地から7、8m上方に掘られている。二重構えの横穴の周囲は朱に塗られていて、入り口の周囲にはいくつかのペトログリフが刻まれている。

一つは、ユキで大和朝廷の象徴である矢立である。他にいくつかあるものは、文字様のものだが今の文字にはないもので、しかししっかりとした刻みで彫られている。はっきりわかるものは丸に十の字のものと、それに並ぶ丸に囲まれた菊の御紋である。まだ、大和朝廷の頃にはシンボル化されてなかったはずの十六花弁の菊の御紋がこの京ヶ峰横穴に刻まれている。しかもこれらのペトログリフには、朱が塗られているということはユキを刻んだ大和朝廷より新しくはないはずだ。ではこれは何を意味するのだろうか。

シュメールのジッグラト建設は、バビロニア王朝を古ペルシャが殲滅した時を最後にその建設は終わってしまった。ＢＣ６世紀の頃である。ジッグラトの天神アンの神殿「エ・アンナ」はウルク市の王ギルガメッシュの時代が全盛期でＢＣ２８５０年に遡る。つまり、メソポタミア文明を継承した古ペルシャのダリウス王はスサの都にその財宝を集めた。彼らはシュメール系海洋民族の財産のみならず経済まで継承してしまったというのだ。

ダリウス神殿の主神牡牛神の牛頭を戴くダリウス王の玉座には、十六花弁の菊の御紋が刻まれている。この四界の天地を表すペルシャの神紋と常に帯同するケルト民族のトーテムである◯に十の字の神紋もこの京ヶ峰横穴遺跡に残されている。

シシリー島のノト・シラクサ遺跡

地中海シシリー島の横穴遺跡の不思議

横穴遺跡は、日本全国に広がる古代巨石文明の一つである。北海道のフゴッペ洞窟遺跡、埼玉県の比企の吉見百穴、大分県安心院《あじむ》の市川百穴そして熊本県山鹿の鍋田横穴遺跡や長岩横穴群、玉名の石貫ナギノド横穴遺跡など数え切れない。

ほとんどの横穴は二重の門構えで大きさも同じで中屈みで入るようなサイズとなっていて、大方は川の河岸の高い位置に彫られている。この日本型の横穴とまったく同様の横穴が、実は地中海のシシリー島に残されている。このシシリー島のCASTELLUCCIO遺跡の横穴は、他にあるマルタ島やクレタ島にもあるものと違って正に日本型といっていいものである。

そしてその地名がNoto, Siracusa「ノト、シラクサ」という。偶然だろうか、熊本山鹿の鍋田横穴遺跡は菊池川河岸にあるが、その対岸の地名は志々岐といい発音で「シシキー」は「シシリー」とあまり遠くはないような気がするのは思い込みだろうか。

菊池川源流にソロモンの名がつく智者ヶ嶺

古墳の里山鹿を流れる川は菊池川であるが、北から岩野川、迫間川、内田川、合志川がこの山鹿で集まる。迫間川や内田川の源流地帯は九州でも有数の金の産地である。

この菊池川一帯には多くの豪族が勢力を集める重要な地域であったことは、卑弥呼伝説や邪馬台国説の紛々する所以でもあるのだろうが。その分流の一つに合志川がある。この川筋には、その時代に東海の蓬萊山を目指して渡来した民族が、地元と同化し根付いた民族のアイディンティティーを地名に残していた。

合志川は菊池川を来民「クタミ」で分流すると、最初の村の神社は平井神社「ヘライ」という。字名は亀甲で、ダビデの星を祭ったヘブライ人の地であろう。そこに一つの支流があるが、その源流は有泉「アッズミ」といい水が湧き出る池に太神社「オオガミシャ」が祀られている。

ケルトのオーガム文字との関係も⁉
有泉・太神社の蝙蝠の羽根を持つドラゴン

この社の紋章がとても不思議で、いわゆる蝙蝠の羽根を持つドラゴンである。下にある雲水の龍とは明らかに違っている。

また、社殿の側面にも紋章が掲げられているが、それはスコットランドの国花であるアザミの花紋である。太神社を「オーガム」社と呼ばせるのは、ケルトのオーガム文字を奉納した宮ということなのか。

確かに参道入り口左側に戦勝祈念碑が建てられているが、その石塔の一辺にスコットランド、キャッスルラーキンのオーガム文字の立石に刻まれたオーガムによく似た刻みが見られる。

古代日本では鬼と呼ばれた古代ケルトが、水場を祀る宮であったのだろう。この近隣には、古代石器製作所遺跡があり、横山の鬼の岩屋古墳があり、その羨道部の天蓋石の上面には無数の盃状穴が掘られている。古代ケルトの石工の集団は、ヘブライ人の本流からは常に間隔を置きながら帯同したことを知らせている。その鬼の岩屋古墳は七國神社の所領にあって、小野小町の産湯を使ったと言われる小野の水源にもなっている。

オーガム文字の石塔

正面のドラゴンの紋章

横の紋章はアザミ

鬼の岩屋の羨道

羨道上の盃状穴

合志川に戻ると、次の集落は蛇塚「ジャヅカ」といい、今でもマムシの業者が多いが「ジャスラ」という蛇神の音に似た発音である。次の地区は田島地区で「タージム」というアラビア人やインド人の名を持つ。垂仁天皇が常世の国に遣わしたのも田島守であった。次の地区である久米地区「クメール」文明を伝えるマカン海洋民の地か、またその隣の地区はクメール文明の主神である「ナーガ」を示唆する永地区である。その対岸は富地区という。富「トミ」一族はソロモンの大蔵省を司るベニヤミンの一族の名で、出雲大社の伝承を司るのもやはり富氏である。出雲の大久米命を祖神とする日本の大氏に中臣氏がいるが「ナガトミ」と読む。ここに住吉神社がある。この参道のバス停には、古代祭祀に何らかの呪術祭器として使われたと思われるとんでもないペトログリフの磐座が無造作に転ばされていた。つい最近そこに立ち寄ってみたら、今度はバス停の待合にコンクリートで埋められていた。

旭志村《きょくしむら》はアブラハムの子イサクの村、ソロモン由来の地ともなっている⁉

この富地区の隣は旭志村に入るが、その最初の村の名は「伊坂」「イサク」という。アブラハムの子で神に供犠として捧げられようとした子の名だ。その村から北を拝むと「八方ヶ岳」ヤハウェイの山が真北に聳える。さらに川を少し遡ると伊萩の村であるが、役場があり、その地所は津留「ツール」といい、フェニキア人が経済を治めていたのであろう。そこは今も役場になっている。そこから源流地点の山を望むがやはりきれいな神奈備型の山となっていて、その頂上には、「七つの巨石群有り」と県の文化課の看板が掲げられている。七つの秘宝を秘めたソロモン伝説、この山の名もソロモン王の代名詞「智者」ヶ嶺となっているのは偶然だろうか。合志川をソロモンの民の名の着く村々を上ってきて、たどり着くその嶺は正にソロモンを奉るためのジッグラトであったことは間違いない。そしてここも頂上の七奇石からは強烈な磁気異常が感知された。

七奇石とは、御手洗岩、わくど石、屏風石、鬼の岩屋、方位石、旗立石、そして御神体岩である。御神体岩には秋葉大権現と刻んである。アキバとはニダヤ界では有名なレビ僧侶である。室町時代に景教（ユダヤ教）の流布で来日したとマーヴィン・トケイヤー氏の書にある。そして日本ではソロモン所縁の跡を追っているのがわかる。

頂上入り口の御手水岩の水窪の落水付近には、１８０度回転する磁気異常がある。また他の岩のもそれぞれに強烈な磁気異常を見ることができる。頂上付近に磁場が渦を巻いているのだ。

旗立石は直径１ｍほどの柱を立てることができるようになっている。そこからは有明海、雲仙普賢岳、熊本市、南部の城南・宇土あたりまで見渡せる絶好の場所であった。錦の御

表と裏に盃状穴のある古代祭器

魚のレリーフ

御手水岩の水窪

御手水岩

シナイ山に見紛う八方ヶ岳

御神体岩・秋葉大権現

旗を掲げることにより、一体にソロモンの存在を知らしめたのであろう。

ギルガメッシュの王の重要な護符の図柄「七枝樹」がなぜ高千穂の嶺にあるのか⁉

日本におけるシュメールの神の生誕の地

高千穂峡は、日本三大渓谷の一つであり、深く切れ込んだ渓谷に、周囲の沢から流れ落ちる滝は異次元の風景を醸し出す。高天原の神々の里である。ここには皇孫天照大神を祀る高千穂神社とアマテラスが岩屋にお隠れになったとされる天岩戸神社がある。

高千穂神社には、大地の女神「キ」を刻んだ石柱が祀られていて、天照大神の頭に被る冠のマークであることに気づく。

面白いのは、天岩戸神社である。この宮のご神体は、拝殿から五ヶ瀬川を隔てた対岸の磐屋がご神体となっている。宮司の案内で、道路下にある拝殿へ下ると、そこから対岸を遥拝し、磐屋とその右手に植わる杉の大樹の説明がある。

「天照大神がお隠れになった磐屋が左手で、その右手に生える七本の大杉は根っこを一つにしてます」という。シュメールで最も権威のあるウルクの王ギルガメッシュの生誕の護符の図柄。では、中心に七枝樹を挟んで、右に天空の牡牛神ハルと左手に大地の母神キが天神アンに看取られて誓約を行うというものになっている。「Ub-i-min」ウブイミンという誓約をシュメール語で「チギリ」と言ったが、その契約から生まれたのギルガメッシュ王であるとされた重要な護符である。この図柄と同じ謂れをここの宮司が説明してくれるのだ。そのギルガメッシュを祖先とするソロモンもまた、七枝樹を七つの燭台にしメノーラとした。ただ、この天岩戸神社には、右手の牡牛神がいない。しかし、この高千穂地方では天照大神と牛頭大王「スサノオ」が誓約をするという神話が主流である。

スサノオは伊耶那岐命の怒りを過って追放されるが、その途中高千穂に立ち寄り天照大神と誓約を行う。その後スサノオは黄泉の国へは行かず、高天原に居座って乱暴狼藉に及ぶ。天照大神は怒って天の磐戸にお隠れになってしまう。そのため、世の中は乱れてしまい人々は困り果てた、というのがこの天岩戸隠れの謂れである。

神話はもっと続く。高千穂の日向皇紀に、ニニギノ命が日向に天下りしようとすると天の八衢に居て、上は高天原を照らし、下は葦原の中つ国を照らす神がいたので、天照大神と高木の神は天宇受売神に命じて何者であるかを尋ねさせると「私は国ツ神で名は猿田毘古の神なり。天津国の御子が天下りになると聞きお仕えしようと出迎えております」と答えたので、ニニギノ命の一行は猿田毘古の神を先導にて天下りした。ところが猿田毘古の神は突然日向とは遠く離れた阿耶河で漁をしている時に比良夫貝に挟まれて溺れ死んでしまう。話を戻すと、ニニギノ命の降臨は豊の国の南部に当たる日向高千穂の雲降る嶺とあり、その雲降る嶺が二上山とある。

ここにまた、ウブイニン「2と5の向き合い」という数詞も高千穂には根付いていた。五ヶ瀬川が町の中心を流れているが、この高天原に天孫降臨をしたその山の名が二上山であった。みごとに2と5を表し残している。

古代日本における巨石文化の衰退・磐座祭祀の終焉

ニニギノ命は、五ヶ瀬川の河口にある笠紗の岬（現愛宕山）で大山祇神の娘、木花佐久夜比売と結婚する。大山祇神は木花佐久夜比売と共に姉の石長比売も后にと勧めたが、ニ

石長比売の銀鏡神社の鬼

木花佐久夜比売の穂北神社

健磐龍命が鬼八を退治する像

熊本山都町御所の男成神社。神武天皇ご成人の宮。ウガヤフキアエズ命が見守る。

ニギノ命は姿の美しい木花佐久夜比売を后とし、石長比売は返してしまった。

石長比売は岩境（磐座）を祀る巫女であり、木花佐久夜比売は木立を依り代とする神籬《ひもろぎ》を祀る巫女であった。ニニギノ命は磐座祭祀より神籬を祭器に選んだことになる。この時から各地の磐座の破壊が始まったと思われる。

一つの実例がある。阿蘇から熊本市内にかけて流れる白川の流域に祀られる猿田彦の足跡を辿ることによってその所業が見てとれる。それは、超古代より何らかの祭祀に使用されたと言われる盃状穴を持つ磐座が、神社の階段の敷石に利用されていて、さも「この盃状穴を踏んでみなさい」といっているかの如くである。また、鳥居の横に立つ猿田彦の石碑の下を見ると、その礎石に盃状穴が刻まれた石板が割られて使用されており、さらに猿田彦にしっかりと踏みつけられていた。

ニニギノ命と木花佐久夜比売との間に三息子生まれる。長男の火照命は日向隼人族に婿養子となり、三男火遠理命が日向皇紀の継承者となり、火火出見命と名を改めた。これが海幸、山幸の神話で語られていく。次男火須勢理命については、記紀にはニニギノ命の息子としかない。

火遠理命と海神の娘豊玉媛が結婚し、鵜葺草葺不合命を誕生する。その地が日南の鵜戸神社である。ウガヤフキアエズ命は玉依比売を娶り生ませる御子が、五瀬ノ命、稲冰ノ命、御毛沼ノ命、若御毛沼命の四柱である。次男稲氷ノ命は妣の国として海原に入りましきとあり、三男御毛沼命は「波の穂を踏みて常世の国に渡りませり」とある。これは海の彼方の先祖の国へ行ってしまったという意味で、戦死か不意の事故により帰らぬ人となっている。日本書紀の垂仁天皇紀にも「常世の国より持ち帰りたる時竺の加来の木の実」とあるようにかくの木の実とは橘で柑橘、オレンジである。常世国の木の実がオレンジだとすると、常世国とは地中海にある国やはりフェニキア人が関与しているとすると、クレタ島のミケネ文明が思い浮かぶ。兄のミケネノ命が地中海に帰ってしまうのは、マケドニアの台頭によりクレタ島が危うくなったからか。高千穂神社に鬼八を退治するミケネ命の像があるが、両刃の直剣を突き立てるその姿はまさにマケドニア戦士のいでたちに見紛う。

これら記紀にある神話は、日本の音霊を7世紀に日本の国語となった漢字の当て字によって書かれている。音を追ってよく読んでみると当時のグローバルな日本の姿が見えてくる。

これまで見てきた巨石文化やペトログリフはそれを如実に語っていたのだが。ここで皇紀2680年歴史の始まりに戻ると、BC7世紀の頃になる。その頃地中海ではクレタのミケネ文明が栄えフェニキアとは友好関係にあったことは、ツールの女王エウロペとクレタのゼウス王の逸話でもわかる。また、BC6世紀には、古ペルシャが台頭し、スサを拠点に世界に覇権を広げていた。

日本では、鵜葺草葺不合命（ウガヤ・フキアエズ）をユダヤフェニキアの当て字とするといろいろと見えないものが見えてくる。五十猛命の子にあたる「ウガの御魂」を祭る八坂神社は7月1日の祇園祭にダビデの星のマークが入った護符「蘇民将来符」を配って、過ぎ越し祭の風習を踏襲しているが、そのことから「ウガ」と「ユダ」とは同義と思える。

猿田毘古命も漁労をしているところをみると海洋民族と思えるが、同じ海人比良夫に殺される。ヒラフとはフェニキアのヒラム王の一族のことであろう。また、神武天皇は火照命の子孫に当たる阿多の小椅の君の阿比良比売「アビルヒメ」と結婚する。このアビルの姓は九州の海洋民に多い名前だが、火の国熊本の芦北から出た肥人の書の阿比留草文字などの神代文字にもある。ヘブライ人を古代エジプトでは、イブリ人といったが、モーゼの時代に奴隷化されたヘブライ人をエジプト人はアビルと呼んだ。

古ヘブライ語と阿比留草文字には、幾つもの同義語が含まれ、同じ発音の文字を有するとユダヤ人のレヴィ、マーヴィン・トーケイヤー氏も言っている。

日向にさざれ石で封印された珠を抱いた龍神を発見!!

大御神社は日本一のさざれ石を祀る宮

平成23年2月、私が西原村の山奥の民宿の広間で定期のペトログラフ講座を行っているとき、見知らぬ方が参加していらして講座が終了すると、さっそく近づいてこられた。

噂で磐座を視られる方だと聞いたと言って宮崎からわざわざ来られた方で、日向伊勢ケ浜の大御神社の宮司新名さんだった。大御神社は日本一大きなさざれ石をお祀りするお宮だという。だが、さざれ石を何のために祀るのか、国歌にあるようにさざれ石は何の象徴になるのか。など、何の謂れもなくただただ祀るばかりだという。

そこの地層は沖の海底火山の爆発で押し寄せた溶岩の層と従来の地層であるさざれ石の礫岩の層が見事に海岸で二分されていて、それも見どころとなっているお宮である。その他海岸に親子の亀に見える岩があったり、柱状節理が海から立ち上がったその上に拝殿を持つ見事なお宮であった。

さざれ石に岩上祭祀跡

この家ほどあるさざれ石の御神体は、大きなしめ縄で飾られ威容を誇る。磐座を祀る宮であるとすると、このさざれ石には意味があるはずである。

神社の祭祀は、いまの天照大神信仰以前に磐座信仰という祭祀様式があった。沖縄の御嶽ウタキや沖ノ島の岩陰信仰など。だが、その前に岩上祭祀というものがあった。1万年前から環太平洋では岩上祭祀が行われていて、風葬、鳥葬などもあり、イースター島では魂を鳥人が虹の上まで持ち上がると鳥神が星空から現れて天中の三ツ星に届けると伝えられている。日本でも、古代に「兄は夜に岩上ふかして座し、天より理務を受ける。朝に弟に下達して政治を遣わす。」と宋書倭国伝にある。また、出雲風土記に宇龍の日御碕の磐座で「岩上ふかして座し、矢向櫂を立て鬢上に南中のスバルが来るときフカ狩りを始める」などもある。

このさざれ石は岩上祭祀の場であったのだろうと推理した。これを宮司に伝え、磐座の上部の調査を願ったところ、宮司はさざれ石の裏側からだと登れそうだという。廻って藪を払うとなんと丸くすり切れたような階段が出てきた。お祓いをして上に上がった。平らな上部の南方に幅60㎝、高さ40㎝ほどのテーブル型の硯石がある。間違ない。ここに供物を上げ、夜な夜な祈りを捧げていた祭祀の跡だ。これには宮司も驚いていた。

封印されていた龍神の珠

宮司はさざれ石が発見されてからずっと気になっていたことがあるという。神座のすぐ下の水溜まりがあるのだ。宮崎は平成23年の正月から4月まで日照り続きで田植えもできないほどだったとか。水溜まりも完全に干上がり、この時と思い、そこを掘り始めた。直径3ｍほど窪みを掘り進めていくと、そのすり鉢状の壁に渦巻き状のラインが見え始めた。いかにも人工的に見える。その中心に直径1ｍ、短径75㎝の卵形の丸石が据えられていた。

宮司は再度私を呼ばれた。

まさかとは思っていたが、珠を抱いた龍神をさざれ石で封印していたのか。このお宮は海底火山の脅威を龍神の息吹と捉え、宇都神社の祠に籠り、胎内くぐりで禊、岩上祭祀で沖の海底に潜む龍神が安らかに我々を見守って下さるよう願い奉っていたのだろう。

立ち昇る白龍

龍神信仰があったとすると胎内くぐりがあったと思われる。そう宮司に伝えると宮司はまた驚き、宮司は24年の間1日も欠かさず、朝、海に入り禊を行っていたその場が祠のあ

柱状節理上の社殿

龍の珠

日本一のさざれ石

さざれ石後ろの階段

る宇都神社だという。その社内の海岸にある宇都神社の祠に案内してもらうと、高さ20mほどの立派な祠の入り口。奥に進むと鳥居があり、出っ張った壁の奥に小さな社が祀られている。少し端にあり過ぎないかなと思いながら手を合わせて、ふっと振り向くと、なんと入り口と中の壁が重なり白龍が立ち上がっているように見える。正にここに龍神信仰があったのだ。

世界でも龍神信仰を行っているが、シュメールのギルガメッシュ王のジッグラト、またエジプトのセティ17世のピラミッド。そこの玄室には、北極星がピラミッドの頂点に就くとき周りの七星が宇宙から水を分け与えてくれる、とある。その北極星は龍座のα星であった。時は5000年前ことである。

九州鹿児島、沖縄、熊本の牛深、長崎などでペーロン競漕が行われているが、ペーロンは白龍の中国語読みである。そして、長崎諏訪神社では龍の玉追いでにぎあう。

この大御神社の拝殿は柱状節理の上に立ち、海に向かって手を合わせ参拝する。柱状節理は高千穂の峰もそうであるが、アイルランド

白龍の昇り龍

のダイヤモンドフレアも柱状節理で出来ていて、妖精の棲む神聖な場所として名所になっている。

大御神社のこの場は、地中に大きくマグマを抱く龍神の息吹を人の世の安寧に分け与える大事な社の務めがあると感じる。拝殿でお祓いをしてもらうと海より爽やかな風が吹き抜ける。龍神の吐息か、まさに「ブレス　オブ　ザ　ゴッド」である。

米の山は知っていた

米の山は日向灘のランドマークになっていたようだ。頂上に行ってみると、四界が見渡せるところに磐座が祀ってある。周囲にはストーンサークルの跡があり、中央に磐座があり、その前で手を合わせると北の天神を拝むことになっている。この米も天神アンに捧げたウルの赤米の御神饌の名がつけられたのだろう。

この磐座の裏手の藪の中に、60㎝高の何かの碑

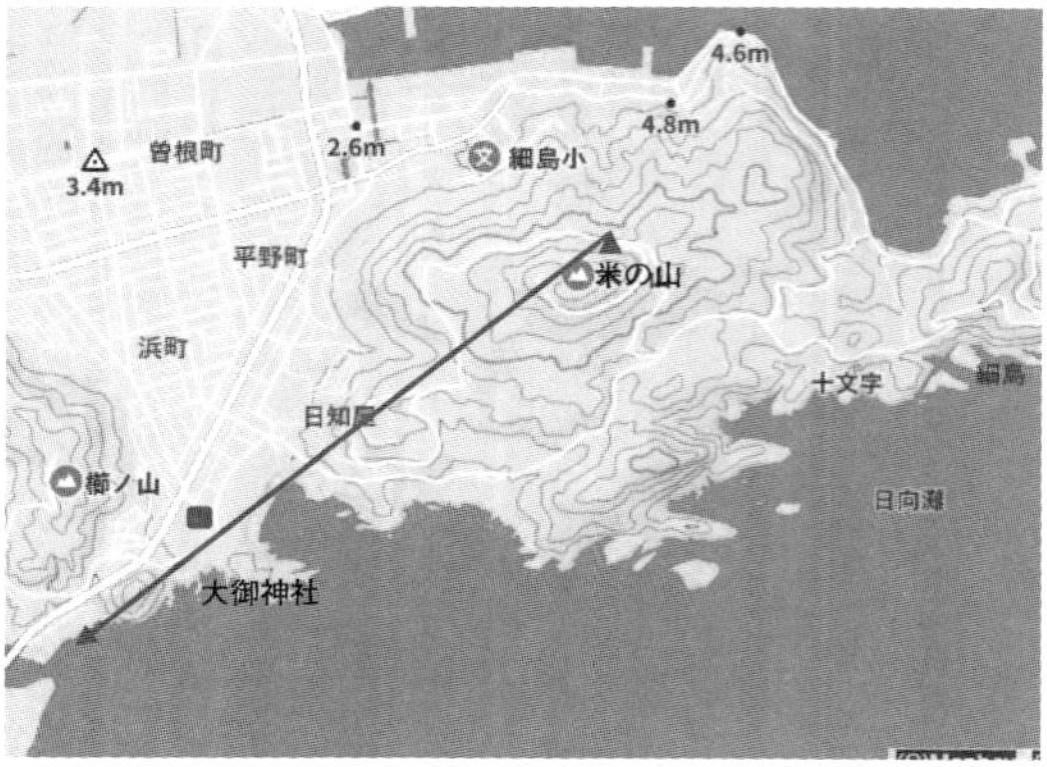

米の山の天神アンの祠と大御神社のさざれ石を結ぶ夏至線レイライン。これが銀鏡神社へ続いていた。

があったので調べてみると、その岩の頂点に×印があった。ケルトの奉るの線刻かと思いきや、その裏手に第一種三角点と記されていた。旧海軍の海図の起点になっていたのだ。そこから、大御神社のある海岸が見下ろせる。そこにさざれ石が遠望ではあるが確認できた。帰宅後地図にて調べてみたら、米の山の磐座と大御神社のさざれ石の線は夏至線レイラインだとわかった。

また、他にこの日向の日知屋に気になる地名が多いことに気づいた。伊勢ケ浜・米の山・御鉾ヶ浦・平野・曽根・江良町・比良・永江・原町・鶴町・亀崎・大王谷などだ。

中でも、平野、比良はヒラム王、江良はエンリル風神、伊勢もイシュ五十神エンリル風神、原はバル牡牛神、鶴はツールでヒラム王の居城、これらはフェニキア由来に違いない。フェニキアだとすると御鉾は神武天皇の鉾ではなく神功皇后の鉾ではないか。亀はペルシャの水軍のマーク、そして大王、それはスサの王ではないのか。

人吉で見たダリウスの一行の足取りも垣

米の山の天神を祀る磐座。周囲はストーンサークルだ。

間見える。この米の山のレイラインは西米良を指している。西米良《にしめら》は市房を超えるとすぐ人吉へと続く。

縄文の杜での祈り

5000年前、温暖化は終息し九州に海洋民族たちが快適な場所をもとめて帰ってくる。そして九州奥地の大クヌギの森林地帯に広がる森の民アラハバキ族と同化していく。縄文の森の民は争いもなく、新しい情報をもたらす海洋民族たちが大好きであった。それは1万年の昔から、九州各地にシベリア黒曜石や糸魚川翡翠などが流通していたことでもわかるし、逆に北海を越えてバルト海からヨーロッパ中原にまで、九州熊本の曽畑式土器が渡っていることでもわかる。

ただの恐れは天変地異、宇宙の変化など人の考えの及ばぬ異変であった。そこに大地の「気」や磐座の「波動」を感じるシャーマンが民衆を導いたと思われる。

森の民アラハバキ族のシャーマンは宇宙の星を読み、火山の鳴動を肌で感じる磐座の施設・神殿を築いて、大歳の祭礼を行ってきたと思われる。そして水場を祀り、森を神域と考え、人が生きていく「生」を獲物として与えてくれる森を大切にし、感謝を込めた祭りを行ってきた。西米良村の銀鏡神社の猪の生首を磐座に捧げて神事を行う「ししば祭り」

などはそれを継承している。1万年もの間、森で営まれる生への祈りは守られ続けられた。メソポタミアシュメール王朝の崩壊によりその民族の渡来があるまでは！

クマソからヘブライ王朝へ

この後シュメールの渡来により、鉄器がもたらされ、森の民アラハバキも鉄器を習い、クマソとなっていく。しかし森の民は清水を中心に広がる森を邑とし、峰の先の源流を祀る隣の村々とで同志として地域を成していた。地域の中心的な神奈備の山を祀り場として、自然の神々を敬い、自然に反しないよう畏敬の念をもって恵みの神事を行った。そして関わる一荷はそれに従い亘合を成していた。

そんな中にクマソをまとめたシュメール発の国造り文化が、この九州日向の地に芽生える。ウガヤフキアエズである。そしてそのウガヤの皇子が九州クマソに支援されながら、美々津の湊より日本の国造りに東征していく、先に天神族アズミが築いた出雲国との融和である。ここはまだ南朝二支族ユダヤは日本に到達していない。

2500年前に古ペルシャ・ダリウスの王がペルシャの都スサよりソロモン子孫を連れて渡来を遂げる。新バビロニア王朝に追われたユダ王国は、バビロン幽閉時に旧約聖書を書き上げたユダ一族が、いよいよ日本で本格的に国造りへと乗り出していく。

まず先行していた十支族とそのまた先に渡来していたソロモン出雲国を垂仁天皇期に絡め取り、大注連縄で結界を張り封じ込める。絡め取ったクマソ鉄器族に官位物部氏を与え武力を削ぎ、八百万神々の力を抑えて、エホバに匹敵される天照大神の一神教崇拝を広げる。

父の命を受けた景行天皇が一気に日本国中を記紀にある「枯野の船」で駆け回り、地方のクマソを懐柔していく。アズミ海神族とは神々の系譜で姻戚関係を作りながら味方につけた。それは、宗像大社の社伝に、「これまでの天皇を祀れば未来永劫天皇を祀ると天照大神と契約した」とあった。これでラピュタから続く三ツ星の神オリオン信仰は天津国の三女神信仰へと変えられた。一方、安曇海族の風神信仰、稲荷神を崇める恵比須族や熊襲ケルトの海洋民族の神々は、天孫降臨のヤマトの天津の意識に変えられながら、ヤマトを支援し強大な新ヤマト朝廷となっていく。

そのヤマトはシュメールから移り住んだヘブライ王朝の再興に他ならない。基本は農民の穀物徴税の上に成り立っている。

それを推理すると、これまで鉄器を主体の技術者集団のケルト系クメールが主流であった。それが今度はクメールの米造りの農民を登用し日本に急激に米造り国家へと変換していく。税金は米で徴集され始めた。これまで支えてきたはずのヤマトは、その安曇にも米での納税を課したはず、安曇だけでなく山の民熊襲ケルトにも米での租税を課したである。山の民には米農業はない、平地に降りて田を耕し米を作る。しかし土地代、出来た米は税として取られ苦しい生活へと変わっていった。彼らは、家業の石工、製鉄での仕事を求め、古墳造り、宮造り、造船などへと移行すると、ヤマトはまたそれを基盤に大きな覇権を抱き始め、内外に向けて勢力拡大へと駆られていく。

そこにケルトは傭兵という習性に目を付けられる。ヤマトに組した熊襲の首長に物部の官位を与え近衛兵に登用され、多くの山の民は軍隊として徴集される。

しかし大きな森を背景に持つ熊襲はヤマトには与しなかった。それが米での納税を拒める方法だったたから。そして、山の民の存在は表から消えていき、時々現われる現象は鬼の仕業伝説へと変わっていった。しかし、縄文1万年のアニミズム八百万神の理念はそう簡単には消え去る物ではない。今またラピュタが愛した大海のナーガ神、クメール熊襲が崇めた水の神ナーガ神は、鬼が愛した森と水の復活への願いが感じられる。

日向に向かう龍神の親子

そこに天に昇る白龍の宮「大御神社」がある。この宮は「柱状節理」の六角柱の磐座の上に拝殿を持ち、沖の海底火山は今もその活動を成し、黄色い泡を吹いている。そして、天神アンを祀ると思われる米の山と大御のさざれ石とは夏至線のレイラインで結ばれ、その延長線上には龍房山がある。銀鏡神社はその裾野の宮である。

歴史は宇佐神宮の奥の院・安心院米神山からシュメールの米神、天神アンへと遡る⁉

宇佐神宮

宇佐八幡宮は、タカミムスビ神の子で天三降命の子宇佐津彦・宇佐津媛が祭神の祖である。

京都下鴨神社の祭神の建角身命の子も玉依彦、玉依媛となっているので、天三降命と建角身命は同一神であり、宇佐神宮も下鴨神社も同じ出雲海人族の系統を持つ宮であることがわかる。

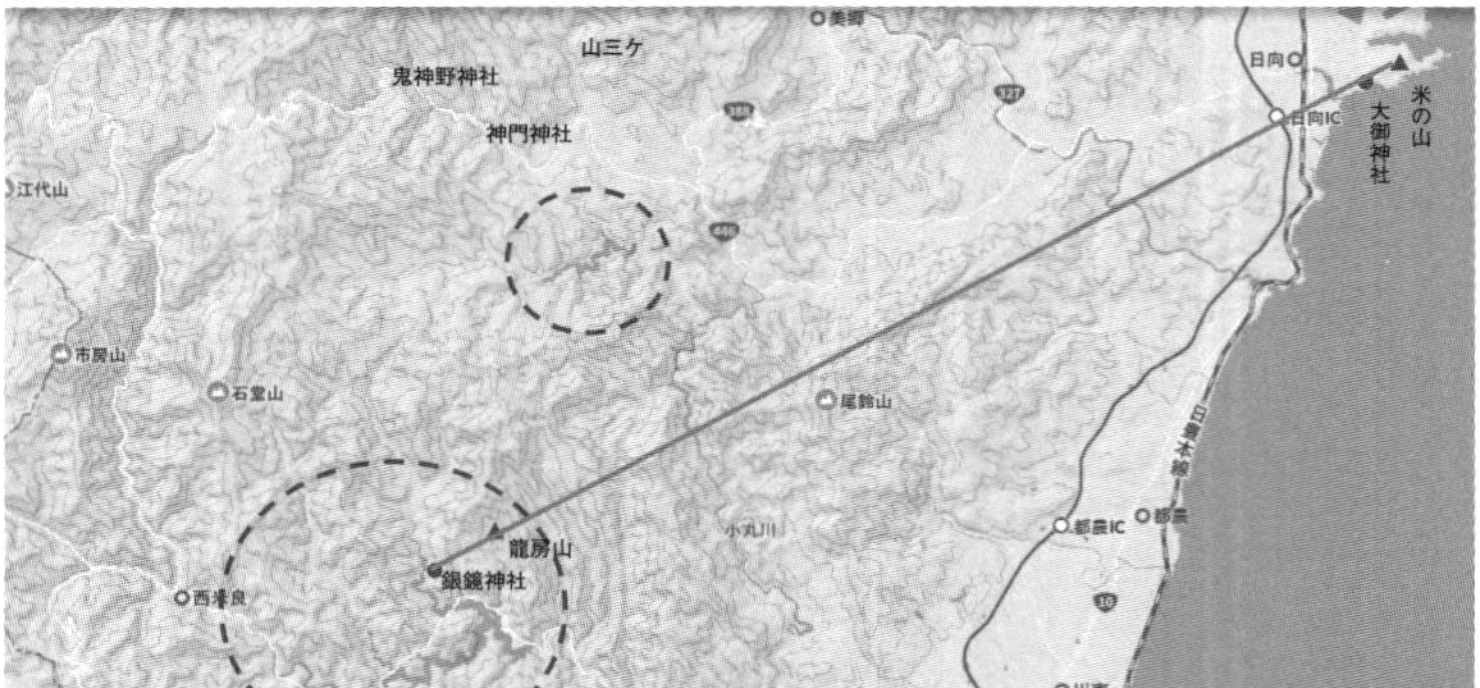

米の山、大御のさざれ石とは夏至線のレイラインで結ばれ、その延長線上には龍房山、銀龍神社がある。

宇佐八幡宮

宇佐神宮の奥宮・御許山

宇佐神宮の宮司職にある辛嶋氏の辛嶋勝は奈良東大寺の大仏建立の立役者である。宇佐の辛嶋氏一族は、高度な文明・文化を所有し先進の文明を伝えたとされ、銅の精錬、海運、暦法、呪術のプロ集団であった。まさにあのソロモン神殿やエジプト、ペルシャの王宮の神像や青銅の釣鐘を作ったフェニキアのシドン人技術者集団そのものであったと思える。辛嶋氏の祖神はスサノオ命の子、五十猛命を持つが木氏（紀）とも同じで、木氏は紀伊半島までの航海権を掌握していた、やはり出雲海人族で造船技術のプロ集団である。

辛嶋氏の祖は波多宿禰、木氏は木角宿禰で双方共武内宿禰の子とある。木氏の神職者の中に在常、有宇、有何など有の字を多く持つのは、出雲の神魂神社の神紋で「亀甲に有」の家紋を引くもので、秦氏一族の八幡信仰の氏族であることがわかる。因みに、秦氏の水軍の代紋は「亀甲に有」であるが、これは、モーゼがシナイ山上で神と出会い「我は有る者は有る者」と言われたことに由来していると言われる。つまり、ヤハウェを掲げていることになる。

御許山とその御神体山

宇佐神宮の本山御許山は、宇佐八幡の後背部山麓の一嶺御許山にあるが、その御神体は、その後背部に控える安心院の米神山とされる。

サークルなど巨石文化遺跡が有名で、地元の文化保存会も盛んに活動を行っている。米神山自体、神奈備型のきれいな山影を持ち、南方に中腹台を持つ典型的な神山である。地形的にも花崗岩が盛り上がった山で、それらが至る所で露出し、天柱石の様相をなしている。こういう岩山は高千穂の六角天柱石もあるし、アイルランドのジャイアントフレアーもそうだが、沖ノ島や屋久島の地層と同じだ。このように世界に地球創成期の地層が突出して出来た岩山があるが、それらの場所は当然波動が高く自ずと霊場となり、巨石文化の聖地にもなっているのだ。

宇佐神宮は、世界では東海の島にある河口に位置する宮である。そして、その川を遡ると安心院に入り米神山を取り巻くように遡上する。その上流域の平野部には天皇家の圃場があり、大嘗祭の御献上米を刈り入れた。当然、宇佐神宮の御神饌の米は赤米である。

シュメールの米神

シュメールの初代の王ギルガメッシュが治めたウルク市には、天神アンの神殿がジッグラト上にあった。

彼岸の邁に天神アンと妃のアンツが神殿に滞在し、大年の初めを祝ったが、その間、神への供物に米を天高盛して奉った。それは、「ウルシャ・ウルドウ」と呼ばれた。「銅色をしたウルの麦」という意味だが、それが実は赤米であった。これはギルガメッシュ叙事詩の中の洪水伝説の項に、ウトナピシュテムが方舟の準備が出来たら、神々が空から「ウルシャ」を降らせ与えたと書かれているが、その天から授かった赤米をジッグラトの上でまた神へと捧げ奉った。それから二千余年を経て、モーゼがシナイ半島を民と共に徘徊疲弊し、ヘブライの民が死に瀕したとき、神が天より降らせた「マナ」の伝説として旧約聖書に書かれている。

シュメールでは北極星の神天神アンに赤米を供物とする風習があった。天神アンはシュメールの粘土板には、八方位の米という文字で標記されているが、そのため天神アンの米の標記は＝「米」コメをも意味したと思える。

また、北極星アンの標記の「米」の字は、八方位でシュメール語でも八は「ヤ」、方位は「ホー」といいつまり天神アンを「ヤホー」と崇めた。宇宙の中で、一点動くことのないこの北極星、それが宇宙の真理で唯一神の象徴と考えた。

ところが、地球歳差運動によりその北極星は姿を消し去ることになる。BC2200年、主神を失くした神々のシュメール国家ウル第三王朝は、太陽を唯一神とするセム族のアッカド族サルゴン一世によって征伐された。しかし、ウル市の城壁の外で暮らしていた羊飼いアブラハムの一隊が彼の祖父でジッグラトの僧侶であるヘブル翁の意思を継ぎ、その今は消え去った宇宙の真理ヤホーを後世に引き継いだ。

天神アンの八方位の紋章は、ローマ帝国に追われブリテン島に渡り英国のユニオンジャックとして国旗となる。しかしまたローマキリスト教会の覇権に追われ、大西洋を渡り新天地にユダヤの国を開いた。誰が付けたのか、その大陸は「AMERICA」、AM「アン」のRICA「コメ」という名の国であった。そして、ペリーが来航した日本では、その国を「米国」と標記した。


大分県安心院の米神山は、宇佐神宮を河口とする駅館川を遡上し安心院に入ると恵良川となる。もうこれだけでシュメールの神々の出自を表している。米はウルシャといい赤米を言うがそのウルシャは「UR SA」で膠着語でウルシャとなっている。日本では「ウルサ」＝「ウサ」宇佐と転化する。

また、天神アンのことを「天父60神北極星の神アン」と読んだが「60神」を「アッシャム」と呼んだ。「アッシャム」はまた「アジム」安心院と転訛していった。その外、「安曇」「出雲」「勇」など多くの重要語彙として残されてきた。

同様に、インドでもシュメールの海洋民族は「アッサム」州と隣の米どころ「オリッサ」州に天神を祀り地名を残した。オリッサもまたウルシャからの転化であった。

このシュメールの神族の渡来は、宇佐や安心院が漢字となる２０００年も古くからこの地に居城を構えたと思えるが、60神天神アンと40神天神の妃アンツに長男50の数詞を持つ風神エンリルがいた。この日本はその母方の「アマツ」国で風神「五十＝イソ」の神が統治した。「五十」はシュメール語の「イ・シュ」から「イソ」「イセ」伊勢へとも転訛していくのである。風神はまた名前の「エンリル」でも呼ばれたが、そのエンリルは中国南海州の港町燕里羅「エンリラ」や日本の「恵良」「恵奈」「江浦」へと転訛していった。

安曇族（アズミ）の安心院（アジム）に御神体山の米神があり、安心院から宇佐へと恵良川が流れる。そして駅館川へと流れ宇佐へ通ずる。ヤ神・カン門（ヤッカン）というシュメール、インドと同時進行の文明がこの中九州に根付いていていた。

安心院・米神山《こめかみやま》巨石群

日の神谷

巨石群ドルメン

頂上の祭壇石・環状列石の中心の磐座に奉る✚のペトログリフがくっきりと。

京石

陽石

頂上を睨む甑岩

第四章

謎のレイライン

英国の驚くべき3つのレイラインは、大宇宙へと反転する可能性も秘めている⁉

レイラインの研究は、英国アルフレッド・ワトキンスが最も有名である。氏の研究には、レイラインの通るポイントが述べられている。

そこでは、マウンド、堀、狼煙台、標石、ストーンサークル、立石、シンボルストーン、ケルン、ドルメン、キャンプ跡、古代の聖なる泉、城、修道院などが列挙されている。また、地名もBel：バビロニアの主神ベル、Baal：牡牛神、Braod：踏みなれた道、Bury(Burg)：墳丘や塚にたつ町、Wich：魔女などを持つ地名もその例に挙げている。

イギリスのレイハンター、ジョン・マイケルが言う驚くべき3つのレイラインがある。

第一は、グラスタンブラーからアヴェベリー線で、これはイギリス最西端の辺境の地ランズ・エンド近くの山麓にある聖ミカエル山に始まり、中世の宗教界の有力な中心であったベリー・セント・エドモンズを通って北海に終わるおよそ600㎞の驚嘆すべき長さの整列線の中心部分を形成している。

第二は、ソールズベリー大聖堂からストーンヘンジ連結線で、タン・ヒル、シレンセスター教会、クリーブ・ヒル、ブレドン・ヒルを越えて湖畔地方に至って480kmの距離を持つ。

第三はグラスタンベリーとストーンヘンジ間のおよそ40マイルの連結線で、アベイからドット・レインに沿った道が始まり、ケアー・ヒルにある著名なレイ・センターを通過し、ストーンヘンジに終わっている。

このようにレイハンターたちが見つけたレイラインの多くの中から、フィリップ・ヘーゼルトンは大二等辺三角形を発見した。しかし、自らの発表が真面目な科学的審査に十二分に耐えるものではないとし、われわれレイハンターは自分たちが良く知っていて事実であると証明できる小領域にもっと注意を集中した方がよかろ

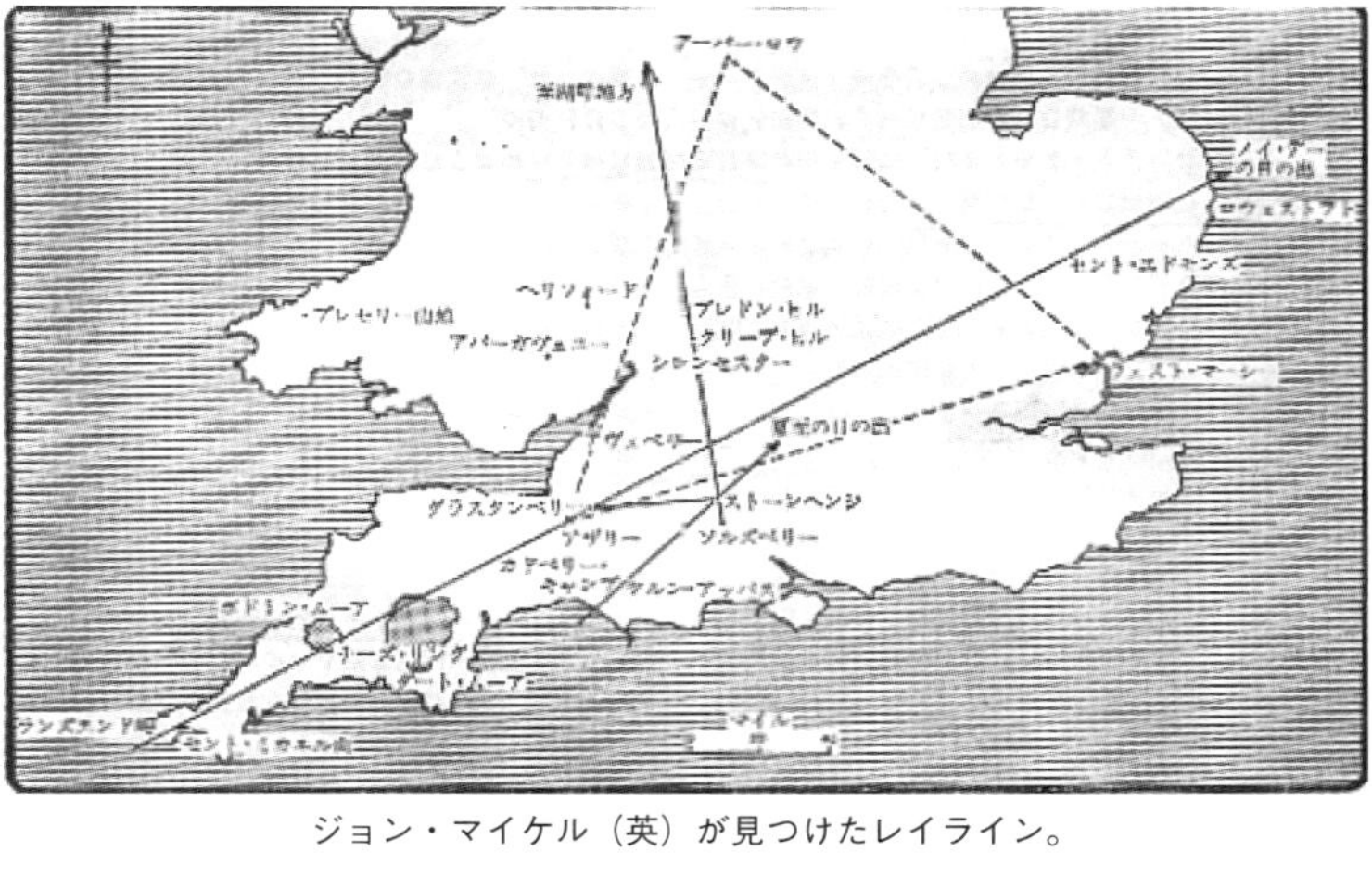

ジョン・マイケル（英）が見つけたレイライン。

うと述べている。

まさに同感であり、その微細な事実はやがて大宇宙へと反転し真実の光明が差すものと信じている。

日本のレイライン奈良明日香の三山が作る二等辺三角形は夏至線上にある！

奈良明日香の三山、天香具山、耳成《みみなし》山、畝傍《うねび》山が作る三角形は、天の香具山と耳成山を底辺とし畝傍山を頂点とする二等辺三角形で、畝傍山から伸ばす垂線は東西に対して30度の迎角を持つ夏至線上にあることは有名な話であ

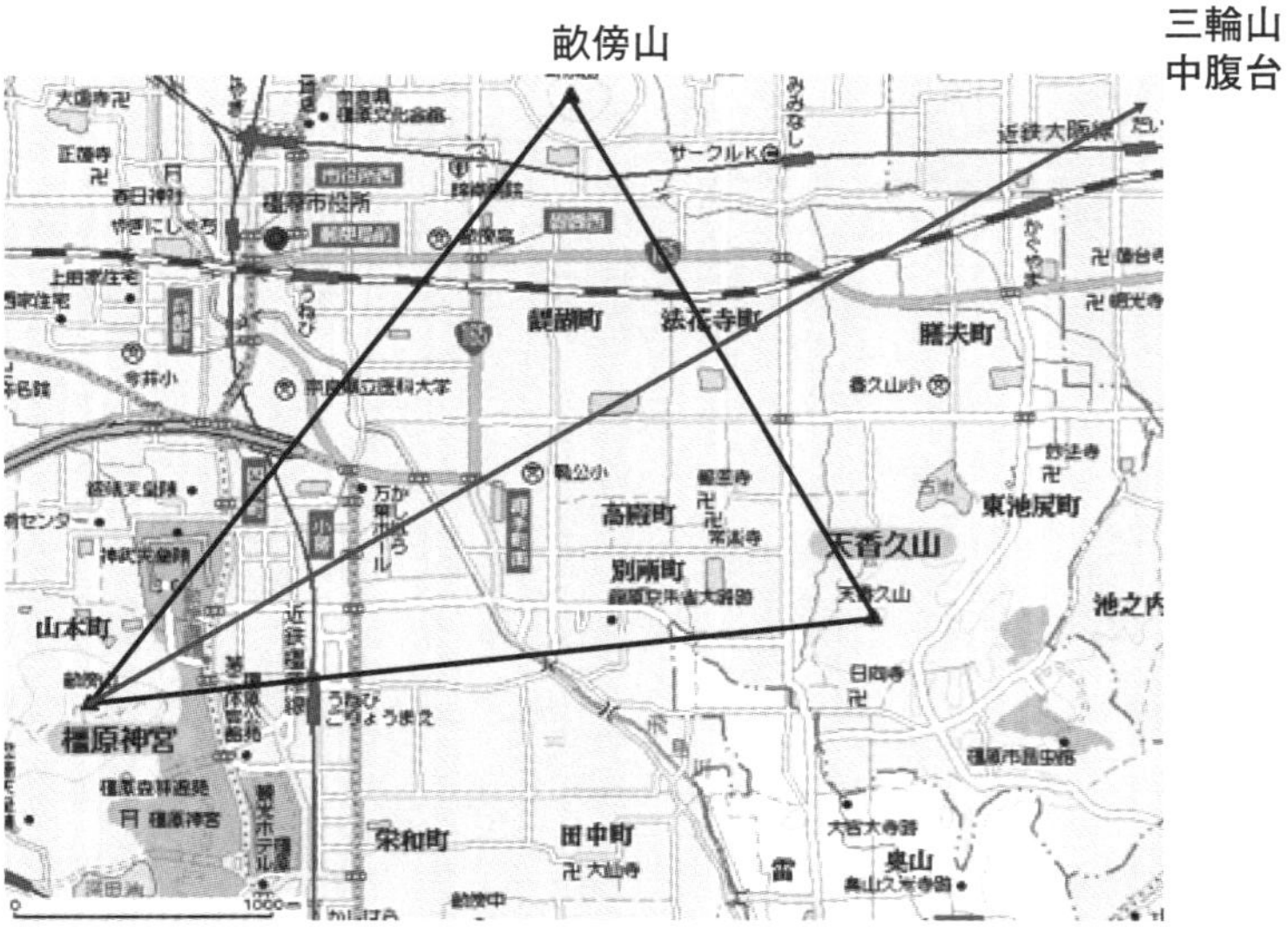

奈良明日香の大和三山で出来る二等辺三角形と夏至線

る。

その垂線の北東への延長線は三輪山の中腹台を通る。三輪山自体がご神体山で麓の大鳥居から遥拝する宮で、出雲の大物主命を祖神とするが大山祇命を氏神とし蛇神がそのご本尊である。この明日香三山と三輪山で出来るレイライン上に益田の磐船や鬼の雪隠石、亀石、猿石などが並ぶ明日香の巨石文明が垣間見られる。

古代日本の首都平安宮に秘められたダヴィンチコードを超える謎とは⁉

それは小野妹子が隋より持ち帰った情報によるものなのか。また、秦河勝らユダヤ系の渡来民の知恵であったのか。古代日本の首都にもダヴィンチコードの謎が秘められていた。

京都最大のお祭り祇園祭りが7月1日より始まり16日宵山、17日山鉾巡行そして31日の夏越祭で終了する。このお祭りは、洪水伝説のノアの方船がアララト山に漂着し2週間の待機の後に上陸し喜びを分かち合う様を表すソロモンの祭りと言われる。そしてその祭りの間中肌身離さないのが蘇民将来子孫也という疫病除けの護符である。モーゼの過越しの祭りを表しているともいう。

蘇民とはシュメールの民の中国語の当て字で同じく将来はイスラエルをいう。要するに、私はシュメール系イスラエル人つまりヘブライ人の子孫であるのでモーゼの教えをお守りしますということである。

小野妹子は、聖徳太子らによって推挙され遣隋使として隋へと向かった。古事記によると隋では、小野妹子を名乗らず「蘇因高」と自己紹介している。名前・地名は出自を表すという。では、蘇因高とは何を意味したのか。

秦氏一族はヒッタイト系王家の一族で、一部はシュメールの文明を継承し古ペルシャ帝国を築き、アジアへは契

京都平安宮に描かれる二等辺三角形と夏至線は三宅八幡と太秦広隆寺を結ぶ。

丹族として中国の古代王朝を作り上げてきた。

夏王朝もシュメールの太陽神ウトの名をもつ禹王であり、三本の足の烏をシンボルとしている。その一族の中核をなす部族は烏桓族、契丹族、ウィグル族、扶余族であった。その中の契の名を持つ族長が殷王朝を築く。その母が燕の卵を飲み生んだ御子が契「セツ」であった。烏桓族、烏因族は騎馬民族としてインド・アフガン辺りまで勢力を広げていたのか、インドラ神にも因桓神という名が当てられている。扶余は朝鮮半島で高句麗国を建国して行った。だとすると、蘇因高とは、「蘇」シュメール系烏桓族の出で「因」インドラの国を経て「高」太陽を遥拝する高句麗の帰化日本人である。とこのように隋国には紹介したことになる。そして平安宮の造営を秦河勝に命じたのも桓武天皇であり、同じ祖先をもつ渡来系の一族であったということである。

秦河勝の名も、ペルシャ王家シンの姓を持ち、シュメールでは最高位の運河監督官の称号、河「運河」勝「スグリ」の名で呼ばれていた。小野妹子は帰国後、その功労をもって京都岩倉に三宅八幡を建立する。

さて、平安宮の中心には下鴨神社があり、スサノオノ命の子、五十猛命を祭神とする。その子分雷神を祭神とする上賀茂神社の二社がある。上下の賀茂神社を底辺とし三宅八幡を頂点とする二等辺三角形がここで出来上がる。その底辺にたつ垂線がまた夏至線をなしているのだ。

その夏至線は南西方向に伸びていくと太秦の広隆寺を通る。太秦は秦一族が京都に居を置いた最初の地で、開き町から始まる。広隆寺の太子殿はもともと大酒社があったところで大酒社は大避（大闢）と書いた。大闢とは中国語でダビデのことである。その参道にあった井戸には「いさらい」と書かれているがまさにイスラエルの井戸である。

今でも京都はコリアンタウンなどがあり民族固有の文化を残しているが、その昔はもっとペルシャ、インド、アラビア、エジプト、中国など国際色がはっきりとわかるような居留区域があったと思える。

不思議な鳥居が太秦の木嶋坐天照御祖神社にある。その境内の元糺の池の中に三角形に柱が三本立っている鳥居がある。これは、ノアの方船がアララト山に漂着して、三羽の鳥を飛ばし陸が現われるのを確かめたという故事に因むといわれる。その池の中心に積んである石積みが方舟が漂着した嶋を表すその証ともいう。

しかしそこに出来ている三角形は、上下賀茂神社と三宅八幡で出来る三角形と比例していて、その中心にやはり西山という山がある。また、京都は上下賀茂川が市の中心を流れているが下鴨神社で川は合流し、平安宮にヘブライの神「Y」の字を描いている。そしてその分岐点の下鴨神社からは西山を望む上に北の天神アンを頂く。古代ヘブライ人は彼らの都エルサレムをこの日本に「平安」：セーレム、「京」：エルと中国語で残した。

この平安京の三角形と夏至線は、奈良明日香（飛鳥）とは、間逆の関係にある。奈良は東に開く三角形だが京都は西に開く三角形である。しかし、明日香（飛鳥）はインドのアスカの音を踏んでいるが、インドでアスカは「楽園」を意味する。「ナム・アスカ・アール」というインドの挨拶は、「ようこそ楽園へ」という意味だ。だとすると、明日香も同じくインド語でエルサレムとしていたことになる。つまり、奈良明日香はインドを経由するシュメール系海洋民族で、京都平安宮は古ペルシャ系騎馬民族の勢力が築く都であったことがこのことでも明らかとなった。そして、その可能性の中に、ソロモンの子達の消えたイスラエルの北朝十支族と後に古ペルシャのスサの王キュロス王にバビロンより助け出されたユダヤの二支族の渡来が見てとられる。

阿蘇のレイラインから世界へ

拝戸石山の頂上石からストーンサークル部の挟み石中央を通る線が約30度の迎角を持つ夏至線となっていて、この夏至線は西方の拝石山遺跡を通るレイラインであることもわかった。奈良明日香三山が作るレイラインと同様夏至線上にある。

また、頂上石は阿蘇中岳の噴火口に向いて据えられているが、この頂上石と噴火口を結ぶ線は、さらには蘇陽町にある幣立神宮を通るライン上に並ぶ。また、その線を北に伸ばすと大分県の修験の霊峰英彦山をも通る。

押戸石山の列石の中で夏至線上にある酒舟石がある。その供物台に手を合わせると渡神山というピラミッド型の山影を遥拝することになるが、実はそのもっと先の福岡県朝倉の恵蘇神社の斉明天皇の御陵を指していることがわかった。そのラインは押戸石山レイラインと直角に結ばるレイラインであった。

まさに正対する酒舟石と斉明天皇御陵は何を意味するのか。斉明天皇は明日香村の岡本宮にもある酒舟石、そして多武峰の山頂付近に石塁や高殿を築いたり、また奈良盆地に運河を建設したりしている。しかし民衆にとってはその苦役は大変な不評であったとか。明日香の酒舟石が破壊にあったのはそのような理由があったのかもしれない。この阿蘇の古代遺跡で斉明天皇は鬼達から占星術や呪術のみならずシュメール神学なども同時に習っていたのである。

これは鬼たちが持つ古い日本の奥底にあった海洋民族の力を思い起こさせていたのであろう。大陸、半島の情勢など、わが日本はこのとき国力浮揚の厳しい立場にあった。斉明天皇は今は山に封じ込められたラピュタから、アラハバキ、熊襲、ナガスネヒコと世界に先駆けた鉄器と巫術の物部一族を再び世に興そうとした。ヤマトの中華化により山窩《さんか》として山に閉じ込められた鬼達を表に引き出すことが、国力浮揚のカギとなると斉明天皇は考えたのだろう。しかしヤマトには中華の勢力が渦巻いていた。

神武天皇以来、海洋民族ラピュタの夏至線、丑寅・東北を祀ってきた。神功皇后もしかり。弘法大師も虚空蔵には牛と虎を置き夏至のレイラインを祀っている。ラピュタが世界に教えた夏至のレイラインがこの日本の大地に根づいているのだ。

押戸石山・拝石山遺跡のレイライン

相模湾にもラピュタのレイラインの法則があった。

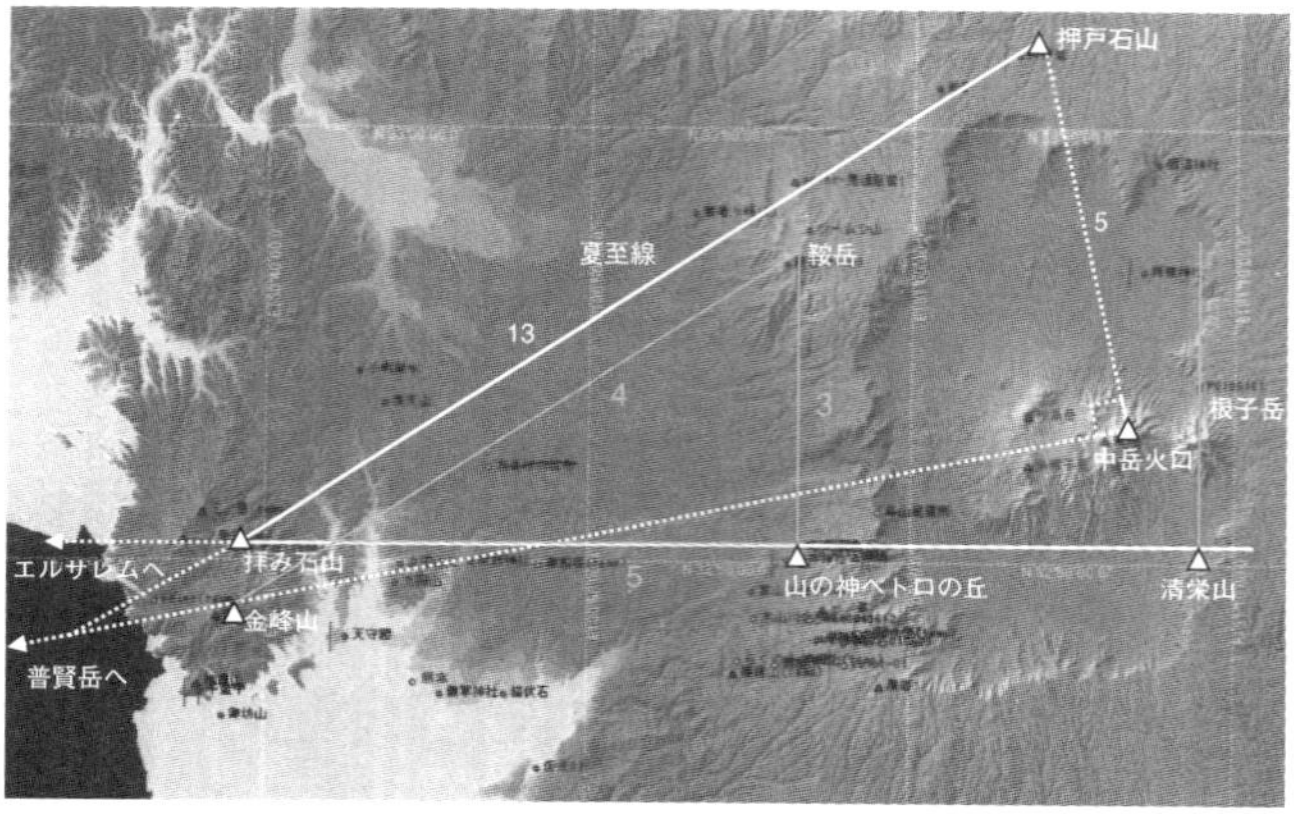

押戸石山と拝石山のレイライン（5000年前の熊本の海図、白い部分は海）

相模湾にあるレイライン

真鶴の三ツ石

富士に向けて結ぶ夏至の入日のライン上に磯丁番場遺跡など多くの遺跡がある。

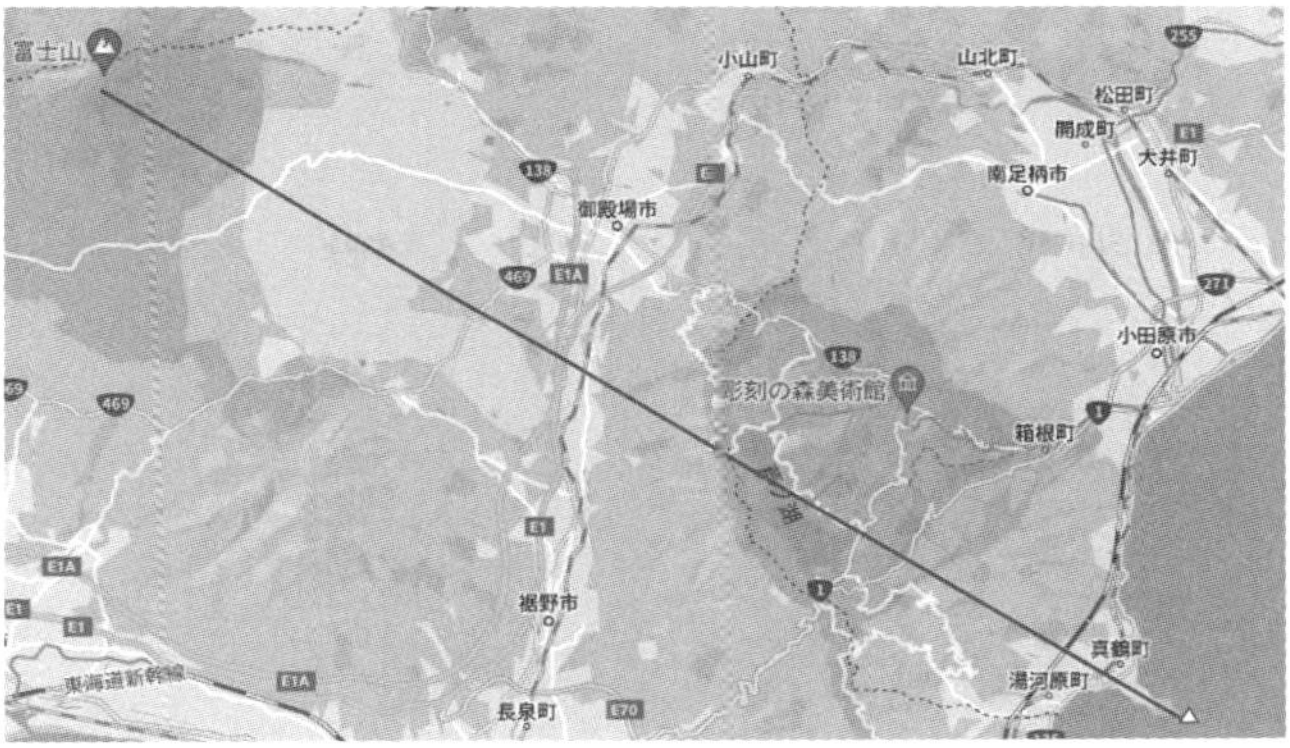

三ツ石から富士山

海中の島から見る富士山・夏至の日の入りである

最終章

謎の海洋民族ラピュタが超古代に風穴を開ける!?

シュメール文明の担い手だった謎の海洋民族ディルムンは太陽が昇る東の果て日本を指し示している⁉

シュメール文明の発端となる原動力はその七割を占める海洋民族によるものといわれる。5000年前に突然として現われた高度な文明の都市国家、ウルク、ウル、キシュ。ラガシュ、ニップール、バビロニアなど多くの都市国家がチグリス・ユーフラテス河岸に築かれてきた。そしてその周囲の都市とは運河によって連結され、舟によって交通と交易がなされてきた。一般の足としては葦舟が用いられ、運搬用にはアカシアの平底の舟、外洋へはレバノン杉の構造船が使われた。

前述と重複するが、シュメールの海洋民族は主に三部族いて、ディルムン、プント、マカンであった。プントはエジプトの歴史の中にも出てくるプントの王族で、「我らはシュメールの末裔である」と気位が高く、現在では「ソマリア」という国を作っている。マカン族は、インドネシアを中心にメコン文明を築いた民族で、丸に十の字の神紋を持ち、蛇神ナーガを主神とする「ハィヤト」一族である。だが、シュメール文明の中心をなしてきた「ディルムン」は今も謎の海洋民族とされている。

ギルガメッシュ叙事詩に、ギルガメッシュ王が盟友エンキドゥの死の再生を願って、ディルムンの島に住む仙人ウトナピシュテムの持つ不老不死の妙薬をもらいに行くという件《くだり》がある。ヨーロッパの学説では、ディルムンはインドのモヘンジョダロ付近にマドゥラという港を海都として東洋の海を支配していたとしている。このマドゥラ海都はインドのマドラス港やインドネシアのマツウラ、日本のマツラさらにアリューシャンのマツワと世界に広がっていた。

最近、東京大学考古学チームによってタヒチの近くに発見された海底神殿ナムマドールは、海底に約5ｍほど陥没した河岸神殿で、東西南北に神の門を構えた円形の遺跡であることがわかった。不思議なことにこの神殿に使用された石材はこの島には存在しない石材で何キロも離れた島から運ばれたと思われる。これは前述したようにペトログリフまで発見され石材も島内の柱状節理の山から運ばれたこともわかった。しかし、このメラネシアに浮かぶ古代神殿の名はナムマドールという。つまりナム「ようこそ」、マドール「マドゥラへ」というディルムンの海上神殿そのものの名を残し呼ばれていた。そこは、黒潮の起点となるミクロネシア日本への入り口である。

ギルガメッシュ叙事詩の最終譜、仙人ウトナピシュテムの住むディルムンの島は、太陽が現われる東の果ての岸から、死の海を越えたその先の島となっている。まさに、日の出る国日本でしかない。ギルガメッシュ王はその目的を果たしてアプスーの深淵から得た不老不死の薬草「シーブ・イッサヒル・アメール」を持ち帰るが、途中プントの島でその妙薬を蛇に食べられてしまう。そのために人間は二度と生き返ることができなくなってしまったとされる。蛇は抜け殻を残していた。蛇は永遠の命を得たことになった。

この叙事詩は5000年前のギルガメッシュ王の伝説であるが、この時代は世界四大文明が発生した歴史のターニングポイントとなっている時代でもある。

しかしこれらの文明はどれも砂漠化の中で水を求め水を治める神を中心に発生した都市文明でもあった。これらの文明を先導しているのがシュメール文明であったが、そのシュメール文明の最初の王の伝記に東海の蓬萊山に住む仙人ウトナピシュテムに人間の死生の秘密を伺うこととなった。そのギルガメッシュ王が求めた不老不死の薬草は、真水の神アプスーの深淵の底にあった。

この世界四大文明が芽生えた世界は砂漠化に苦しんだ世界であった。だが、この日本だけは縄文中期という悠久の森の文明の時代を迎えていた。山には原生の森から岩清水が湧き出る水と森の島でもあった。仙人ウトナピシュテムは神の教えにより島の河口に住んでいた。

先祖はムー！　海の新モンゴロイドが謎の海洋民族ラピュタとなっていく過程とは!?

今から7000年前、地球が温暖化に向かっている頃、九州最南端の喜界島が大爆発をした。その噴煙は西日本を覆うほどのもので、今の鹿児島地方には30年の間降灰が続き、その灰は地層を作った。その地層こそ今のタイムカプセルとなっている喜界島トラフである。

このために西日本では人口が激減し、温暖化により人々は東北北海道へと移り住んだ。それから時代は進み森は戻り大地は自然の恵みをたたえていたが、西日本の人口はまだ少なく、岩清水と森の花鳥風月の世界がそこには広がっていた。

そこへ暖流に乗った海洋民族が、次々と辿り着き、良い河口を見つけては定住し始める。漁労採集の縄文時代には、人手を何よりも求めた。次々と押し寄せるボートピープルは有難い人手であり、新しい文化を運ぶ「マレビト」信仰の対象でもあった。新しい神様のトーテムや信仰が土着の地霊と混合し、多くの神々を生んでいったと思える。これらを主導して文化を交換していった民族が南から入ってきた海の新モンゴロイドであった。

海の新モンゴロイドは、もともと太平洋を航海する海洋民で、ジャワ、ボルネオ、タヒチ、イースター島、ハワイなどを回遊するマオリを代表する海洋民族であり、丸木舟にアウトリガーを付け、三角帆のジブセールで逆風走行を可能にする航海技術を持っていた。それがあるとき小アジアからアルプスに住む先ケルトの海洋技術から造船技術を身に付け、構造船の帆船による途方もない航海力を持つ海洋民族へとなっていった。謎の海洋民族ラピュタの誕生だった。

ラピュタは、その先祖ムーから継承した知的遺産である天文学により、太陽と星から地球上での自分たちの位置を知り、そこに巨石によるモノリスを立てて大地に天空の神々の座をプロットしていった。

また、縄文式土器を持ちそれに彼らの祭祀的アイデンティティである渦巻き紋様や三角形の連続柄、蕨手紋様などを世界に残した。彼らの軌跡は環太平洋だけには留まらずアムール河、ベーリンジャー、北海、バルト海の北航路を築いていた。それは温暖化により北海に氷の無い時代が凡そ500年ほどはあったのではないだろうか。しかし、温暖化もリバウンドにより終息を迎えると、北の海もまた氷に閉ざされていった。そして、ラピュタの一部は北欧の森の民、中原の先ケルトと同化していく。実は、このことが人類の大きな文明の変革を興すことになる。

世界に縄文曽畑式土器《そばたしき》を拡げた謎の海洋民族フンネルビーカー族こそが、海の新モンゴロイドすなわちラピュタそのものだったのだ!?

三内丸山遺跡は、北航路のさしずめウォーターフロントであったのだろう。当時縄文中期は縄文大海進で海岸線に河口伝いにかなり内陸へと進んでいた。気候も東北北海道が過ごしやすく、北極海には氷がなく、シベリアはステップの緑の平原が広がっていた。

海洋民族ラピュタはアムール川からレナ川、エニセイ川を伝いスカンジナビアへと舟を進めた。また、海水が今より8m も高い時代となったフィンランドの湖水地方は、すでに海峡となり、バルト海へと流入したことがバルト海に分布する縄文土器でもわかる。つい最近（2007年2月）にアリューシャン半島の先のアラスカからも曽畑式縄文土器が発見された。

デンマークにある「ハンのベッド」と呼ばれる世界最大のドルメン（BC4200年）

は、デンマーク文化庁では、舟に乗ったビーカー型の土器を持つ民族「Funner Beekers People」が東方より巨石文化を伝えたとしている。デンマークに残る多くの船石（Ship Rock）はその海洋民族の影響の大きさを示すものである。

また、同国の巨石公園になっている「Tustrip Group の巨石群は羨道付き古墳とストーンサークル、石室墓に石囲いの神殿等の施設が一処に集合し、それらがＢＣ３２００年頃のものであるという。日本各地に残る円墳の古墳と何処も違うところはないし、石囲いの神殿は、宗像大社の高見倉の石囲い神殿そのままである。

また、スウェーデンでもＢＣ４０００～２７００年にかけて東方より舟に乗ったビーカー型の土器を持つ民族が、巨石文明を伝えたとしている。その巨石文明がスウェーデン国内に１５００基ものドルメン、メンヒル、マウンド、ケルンなどの遺跡として残っているし、そのＦ．Ｂ．ＰはＢＣ２７００年頃からヴァイキングの時代まではブリテン島への流入が記録され始め、ブリテン島でも多くの巨石文化がそこに根付く。

スコットランドの北部海岸の MIDHOWE 遺跡に残る石板遺跡は、イースター島のオロンゴ遺跡の石の神殿と酷似しているし、円形住居ヌラーギもまた同じで、これは熊本県天草の鬼の碁盤石の滝下に点在する円形住居跡ヌルギとも同じだ。まったく地球の裏にある両遺跡でありながらである。しかし、そこには同じ土器、縄文土器を持つ海洋民族が関与

北方から来た民族が築いた

リンホルム・ホイエの船石

していた。

イースター島の伝説に、三ッ星信仰がある。オリオン座の三ッ星である。この三ッ星が真東に昇り南中天に達したとき、赤道上に横たわる無風状態の帯が解け、風穴が開くといわれる。そのときこそ、南半球から北半球へと帆船を走らせることができたという。

そして、その三ッ星に、大地に虹がかかり太陽が西に沈むと鳥人神が死者の魂を空に運び、神の遣いである鳥がその魂を天空の三ッ星へと届けるというのがオロンゴ文明の伝説である。この三ッ星の信仰を持つ海洋民族には、日本の安曇族がいて、住吉海洋三神もいるし、ヨーロッパでは森に広がるケルト族も三位一体神を信仰し、聖ブリギッドの三姉妹神を産んでいる。また、アイルランドのケルトも三連の渦をシンボルとするし、エジプトのギザのピラミッド群もオリオン座の三ッ星を表すとグラハム・ハンコック氏はいう。その三ッ星信仰は海洋民族らによって世界へと頒布していった。

その原動力の中心を成したのが、縄文曽畑式土器というセラミック状の薄くて丈夫な土器を作り出すことのできる高温の炉を持ち、九州天草の陶土を使って作る海の新モンゴロイド・ラピュタであろう。そして、フンネルビーカーズピープルという海洋民族こそ、海の新モンゴロイド・謎の海洋民族ラピュタそのものであった。

しかし、それも再度の地球寒冷化によりシベリア北航路は氷に閉ざされそれぞれの文明

オロンゴ遺跡神殿

ミッドハウの石板遺跡

アラスカのペトログリフ

円文は天体を表すと思われる

のエリアは不毛の地と変わっていった。しかしそこに土器を作る炉の技術だけは残されていた。これにより世界の文明は飛躍的に変わり後の四大文明を生むこととなる。

地球安寧の願いを込めたモノリスが大阿蘇・押戸石山に

この謎の海洋民族ラピュタの王家の紋様が、山形県中川代遺跡（BC3000）から発見された石斧に刻まれていた。5000年前中国大紋口より輸入されたとみられる蛇紋岩製のその石斧に刻まれた謎の紋様はラピュタの王の祭祀のお印であったと思われる。

その文字は、「スメル」と読まれるという。この紋章こそ消えた大陸ムーを治める王家の冠称であり、その王を「スメラミコト」といった。スメルを御旗に世界を駆け抜けた海の新モンゴロイド「ラピュタ」こそシュメール文明の起源を創世した謎の海洋民族であったことが想像できる。

この石斧と同時に、キャベツの花粉の化石も発見された。そのキャベツはシベリア産のキャベツであった。その時代には温暖化によりシベリアが最も気候の良い地域で、ウバイド農耕民がいた。彼らは勤勉な農耕民族で簡単な家長制度を持ち、星々による農事暦を持

熊本大津無田原遺跡三連ストーンサークル。8500年前

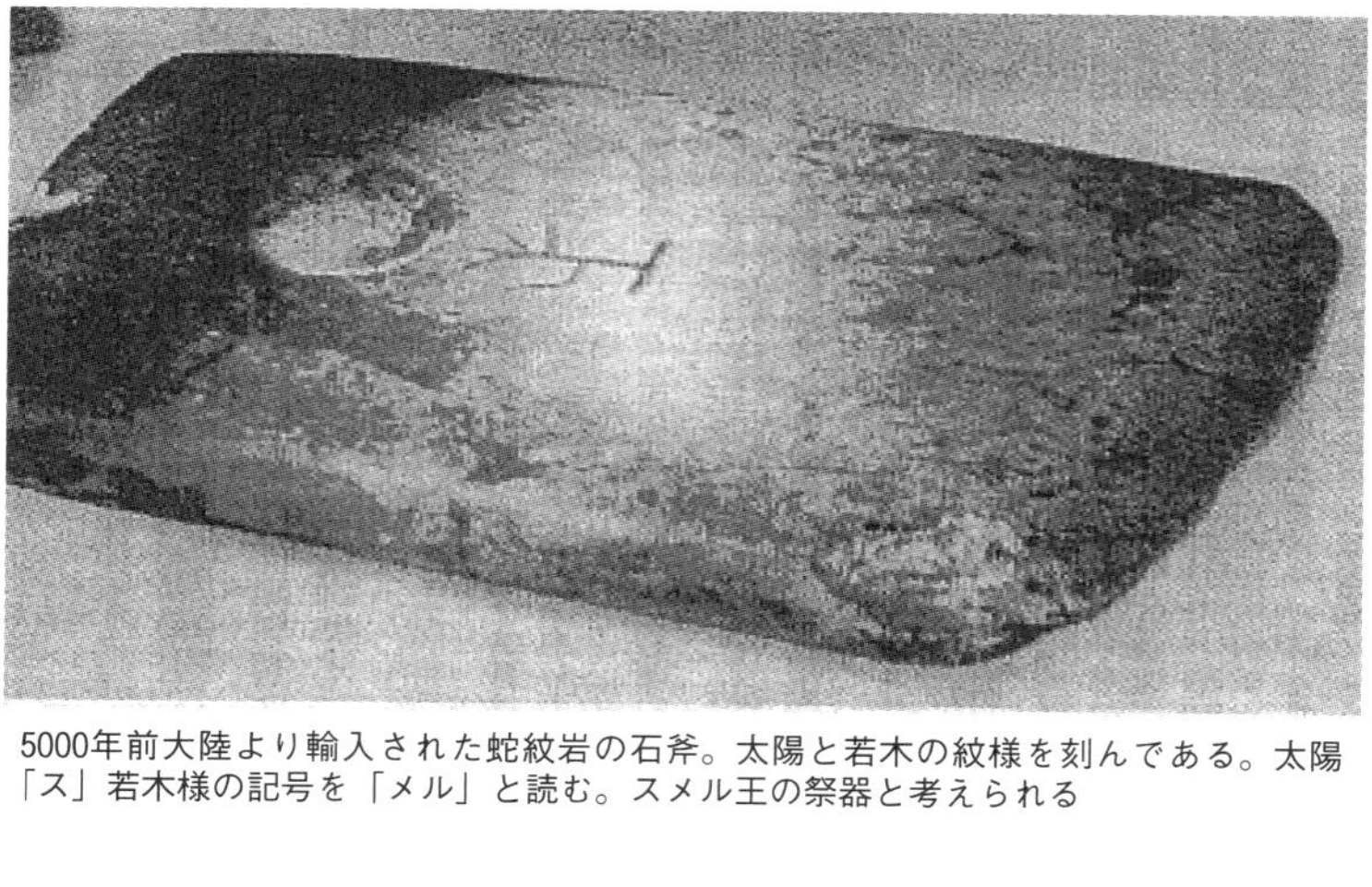

5000年前大陸より輸入された蛇紋岩の石斧。太陽と若木の紋様を刻んである。太陽「ス」若木様の記号を「メル」と読む。スメル王の祭器と考えられる

つ優れた農民であった。

温暖化が終わりシベリアが凍土に代わる頃、6000年前、黒海とカスピ海の間のコーカサス山麓にとどまった小アジア民はハブール川流域にスバルという根拠地をたてた。そして世界最初の文明をアルメニアに興した。そしてそこのフルリ人たちはハッティ、フリ、アーリア、ヒッタイト人となりながら、南下していった。アララト山を越えたら、肥沃なメソポタミア平原が開けている。シュメール文明の基盤は着々と出来上がっていた。彼らを先導していったのはスメルの長、シュメールのミコトであった。彼らはディルムンと呼ばれ、また海原へと帰って行った。

そのことはシュメールの最古の叙事詩の第十書版にこう書かれている。

「ギルガメッシュ王が仙人ウトナピシュテムの住む東海の蓬萊山に渡ろうとするが、眼前の死の水がこれを阻んだ。ギルガメッシュが困り果てている時ウトナピシュテムの舟師ウルシャナビがヒコバエの森から出てきてギルガメッシュに助言する。『死の水を渡るにはこの〝石物〟の護符が必要だ』と。ギルガメッシュはウルシャナビを縛り上げ、その石物を奪って舟を出すが重くて舟はなかなか進まない。怒ったギルガメッシュは石物を叩き割ってしまった。そして舟は死の水へと着くがその死の水の恐ろしさにとって返し、ウルシャナビの縄を解き許しを請って死の水を渡れるよう助けを乞うた。」

このギルガメッシュ叙事詩に出てくるウルシャナビの持つ護符〝石物〟が、後にシュメール系海洋民族フェニキア人が舟で持ち運ぶ〝えびす石〟であり、ポリネシアの集落の長たちが祭りに一抱えの石をカヌーに乗せタヒチのカムイヤサイ神殿に奉納する習慣、また島原や天草、鹿児島の漁民が玄関先に祀る氏神である〝えびす石〟などの海を渡る磐座信仰へと繋がっていたと思える。

その石物を護符として海を渡り、水の始まる水源にその磐座を奉納して祀り、航海の安全と豊穣に感謝を込め祈願する。このラピュタを起源とする海洋民族たちの巨石文化を運ぶ習慣はシュメールによって記述され神格化されていたのだ。

島原・千々石の漁村の民家前のえびす様。実は下の石が航海の護符の“石物”えびす石である

エストニアの湖上〇村を襲うドラゴン

ラピュタが8000年前初めて到達したエストニアのタリンの今！

1万3000年前、消えた超古代文明ムーの伝承者ラピュタは、巨石文明を持って、大宇宙の水を司る神と大地の神が契る高みをこの日本に求めた。一度は度重なる大地震と大津波とによる大陸沈没を経験しながら、その末裔たちは日本の大火山阿蘇の火口に対峙するこの押戸石山というマウンドにナーガの神殿を立て地球の安寧を祈願し、アジア・ユーラシア・アメリカ大陸へと拡散していった。

そして北欧エストニアに入ったラピュタは、マグマの権化であるドラゴン・ファフニールを鎮める。

バルトの国々のドラゴンたちは以来地下へと潜り静まっているのである。熊本阿蘇地方では今年も火伏神事の祭りがおこなわれていた。

あとがき

世界の歴史は、国の思惑や宗教上の問題また学者の権威に係る事柄により、それぞれ固有の歴史観によって作りあげられている。

例えば、卑弥呼や耶馬台国については九州説・畿内説を中心に何万もの学説が存在するが、事実はただ一つのはずである。あとの何万もの説は嘘であるということになる。だとすると崇高であるはずの学問は我欲の世界に慢心する自己満足の権化といわざるを得ない。真実を求める学問をやっているはずなのに、科学力や最新の情報量に溺れて大局が見えなくなっているような気がする。

中学時代に聖徳太子の頃の歴史で、蘇我入鹿が物部文庫を焼き討ちし、当時の重要文献を焚書してしまったと習った。7世紀初めの事件だった。それから80年たった頃に、日本書紀と古事記が編算され、それが日本の最初の歴史書であり、その前には書物はなかったと教科書で習う。もうすでに矛盾した話になっている。確かにこの663年に日本が白江で唐と新羅の連合軍に破れ、唐の支配化に置かれることになった。663年から694

年まで福岡大宰府には唐の総統府がしかれ、その30年間の間に漢字を習っていた。大宰府の出張所となる鞠智城（熊本県菊地郡猥府）には大宰府より「承玄ドン」という官吏が派遣され、やはり664年から694年まで大学堂で漢字の写本を行っていた。その間、中大兄皇子が天智天皇となり次の天武天皇の御世になったとき、日本のアイヌの地名を二字の漢字の嘉名にて奉れと勅令がしかれ、日本の地名が中国語になってしまった。そしてそれ以前から日本にあった日本古来の神代文字、アヒルクサ文字、トヨクニ文字などは偽書として切り捨てられていった。

私は、出来るだけ古代人の感性に立ち戻り、心のアンテナを自然に置き、北極星や星々、夏至や冬至の入り日日の出、花崗岩の山のピークに座します磐座と、その森の裾野から湧き出る岩清水を御神水として磐座を奉り、それが北極星を結んでいたことなどを宇宙の真理と考え、思考の基本においてきた。

そこから見える真実の歴史は、磐座から山の頂を通し北極星を狙うレーザー光線ように一直線に繋がる。真実の歴史はその線上にしかない。線上にないものは、どこか違和感があり「ピーピー」とエラー音が聞こえるものだ。

一万有余年の歴史を大局に考えるには、できるだけ多くのハードウエアに残る真実を拾い出し、その研究の詳細部分や方法論等に立ち入り過ぎて深みにはまることの無いように注意を払いながら、悠久の時を誘い、思いを宇宙に馳せていく。そして、フィールドワークを重ね、波動の強い磐座に触れて精神を浄化させ興味に没頭すると、自ずと時空が動き、欲しい情報や会いたい人が向こうからやってくるのだ。

私の初の著書『ペトログリフが明かす超古代文明の起源』のあとがきでこういうことを書いていた。今これを読み直してみて、やはり書いていてよかったとおもった。何も変わることのないロジックは生きていた。

ラピュタはギョベクリテペ遺跡に到達していて、袝殿の柱に盃状穴を刻んだ。それが7000年たったシュメールの円筒印章のレリーフにも盃状穴石が描かれていた。同じ頃に、日本やイースター島にも盃状穴を残し、ナンマドール遺跡にも盃状穴を発見した。これはもうラピュタが赤道海流反海流、黒潮に乗り伝えた海洋祭祀の文化に他ならない。これまで、極温暖化による北航路を追求してきた著者にとって、この赤道海流反海流の存在は、日本が世界の中心的存在の真水の国であることを確定的にするのみならず、ラピュタが文明の起点となった冶金文化の火付け役を担ったことを確証することにもなった。

先ケルトとシュメール人、フェニキア人が三者合体で日本に到来し日本の文明の先駆けを行った意味がそこにあった。先ケルトはヒッタイトとしてトルコのアナトリアのハットウシャでヤズルカヤ神殿を築きハッティhatti文化を開いていた。

だが、それもコーカサス山脈の麓を故郷とするフルリ人が４５００年前くらいからアーリアになっていくが、彼らはハブール川流域にスバルという根拠地を作っていた。そのフルリ人の中にホリ人、ヒビ人、そしてエビス人がいた。フェニキアの起源にあたる一族である。また、ミタンニの古代領域にスバル人、グティ人、カッシート人、ルルビ人そしてハビル人（Habiru）の集団がいた。四角柱碑文を祀る一族で、これがのちのヘブライ人の祖に当たる一族と思われる。シュメールをアッカドに追われたアブラハムのウルク市のグデアであったヘブル爺さんの話は、その口伝を旧約聖書に書き込んだことがわかる。

真実の歴史を知ろうと思ったら、世界の歴史・楔形文字のバビロニアの歴史を乗り越えてその先を捉えていかねばならない。それには、世界が歴史のメジャーとしている巨石文化・ペトログリフをフィールドワークで追って、五感で感じていくしかないだろう。

私は、できるだけラピュタの目で、海から、川から山を見て真水を求めます。そうすることによって真実の祀りの場が目の前に現われてくる。そして、人の中にある真実の思いが共鳴したかのように音を発し、私に近づいて来るのです。

私は熊本から出たことのないアマチュアの研究者だ。言わば、「井の中の蛙　大海を知らず」である。しかし「されど北辰の輝くを知る」北極星が宇宙の中に一点不動の星と知ってしまった。そのことにより、日本国内のみならず世界から同好の志が集い、いろいろな情報を伝えてくれた。「友遠方より来るまた楽しからずや」の心境であった。武内ワールドを語る自己満足な輩とお思い頂くのも結構、これからも楽しく超古代の旅へと出帆していきます。

私の研究にあたって深い理解を頂いた友人の石原靖也氏、クリス・マッカイ君そしてピーター・フラハティ先生、それから最後に思いを遂げさせてくれた旭交通の本田達郎社長に感謝とお礼を申し上げます。

それから出会った多くの同好の皆さん、常に見守ってくださった吉川結花さん、また私を各所に紹介してくれた重松昌二郎さん、田代政貴さん他多くの友人に感謝の気持ちを伝えたい。そしてこの書を今は亡き敬愛する父と母と我最愛の子供たちに捧げます。

2024年11月30日

武内一忠

参考文献

『古代のメソポタミア』マイケル・ローフ　松谷敏雄監訳　朝倉書店
『文明の誕生』江坂輝彌・大貫良夫　講談社
『古代のオリエント』小川英雄　講談社
『神と墓の古代史』C・W・ツェーラム　大倉文雄訳　法政大出版局
『謎の巨石文明』フランシス・ヒッチング　吉岡景昭訳　白揚社
『太陽と月・古代人の宇宙観と死生観』谷川健一他　小学館
『フェニキア人』ゲルハルト・ヘルム　関楠生訳　河出書房新社
『ケルト人』ゲルハルト・ヘルム　関楠生訳　河出書房新社
『ケルト・生きている神話』フランク・ディレイニー　鶴岡真弓監修　森野聡子訳　創元社
『幻のケルト人』柳宗玄・遠藤紀勝　社会思想社
『ケルトの残照』堀淳一　東京書籍
『ケルト人』クリスチアーヌ・エリュエール　鶴岡真弓監修　創元社
『ヨーロッパの始まり』カトリーヌ・ルブタン　大貫良夫監修　創元社

MEGALITHIC MYSTERIES Michael Balfour Bernd Siering DRAGON'S WORLD
Mysterious Britain Homer Sykes TED SMART
SKARA BRAE David Clarke HISTORIC SCOTLAND
JARLSHOF a walk through the past HISTORIC SCOTLAND
The Brochs of GURNESS MIDHOWE HISTORIC SCOTLAND
HOWEBISHOP MUSEUM PRESS Patrick Ashmore HISTORIC SCOTLAND
CELTIC DESIGN MAZE PATTERNS Aidan Meehan THAMES AND HUDSON
ROCK ART SYMBOLS ALEX PATTERSON JOHNSON BOOKS
Hawaiian petroglyphs by Halley Cox with EDWARD STASACK
Navajo Wildland WILLA CATHER BALLANTINE BOOKS
『文字と書物』カレン・ブルックフィールド他　浅葉克己監修　同朋社出版
『縄文文明の発見』梅原猛・安田嘉憲　ＰＨＰ研究所
『先祖考』児玉圀昭　西日本新聞社
『消えたシュメール人の謎』岩田明　徳間書店
『日本・ユダヤ封印の古代史』ラビ・マーヴィン・トケイヤー　久保有政訳　徳間書店
『世界最古の文字と日本の神々』川崎真治　風濤社

『中国衝撃の古代遺跡を追う』ハルトヴィヒ・ハウスドルフ・ペーター・クラッサ　畔上司訳　文藝春秋
『フリーメイソン』吉村正和　講談社現代新書
『日本神道の謎』鹿島曻　光文社
『甦る古代王朝古史古伝の秘密』佐治芳彦　ベストセラーズ
『ラテン語基礎１５００語』有田潤　大学書林
『西原の文化財を語る』坂田義廣　高橋工芸
『日本歴代天皇大鑑』日本皇室図書刊行会
『熊本県神社誌』上米良純臣　青潮社
『ホビット』Ｊ・Ｒ・Ｒ・トールキン　山本史郎訳　原書房

武内一忠　たけうち かずただ
超古代巨石文化・ペトログリフ研究家。1947年3月17日生まれ。大分県日田市出身、熊本市在中。JMCL日本巨石文化研究所所長。千葉工業大学工業経営学科中退。熊本県立第二高等学校一回生。元ARARAアメリカ岩石芸術学会会員。元日本文化デザイン会議客員講師。著書に『ペトログリフが明かす超古代文明の起源』『真実の歴史』『盃状穴探索ガイドブック』がある。

真実の歴史 エピソード0
ラピュタ編

第一刷 2025年1月31日

著者 武内一忠
発行人 石井健資
発行所 株式会社ヒカルランド
〒162-0821 東京都新宿区津久戸町3-11 TH1ビル 6F
電話 03-6265-0852 ファックス 03-6265-0853
http://www.hikaruland.co.jp info@hikaruland.co.jp
振替 00180-8-496587

本文・カバー・製本 中央精版印刷株式会社
DTP 株式会社キャップス
編集担当 川窪彩乃

ISBN978-4-86742-450-6

ヒカルランド　好評既刊！

地上の星☆ヒカルランド　銀河より届く愛と叡智の宅配便

いざ、岩戸開きの旅へ！
古代出雲王国　謎解きトラベル
著者：坂井洋一／石井数俊
四六ソフト　本体 2,000円+税

縄文リアルタイムスリップ
蘇る海洋神殿
ペトログリフ（古代岩刻文様）・イワクラ（巨石文化）・ピラミッド（古代山岳祭祀遺跡）
著者：鈴木 旭
四六ソフト　本体 3,000円+税

ヒカルランド　好評既刊！

地上の星☆ヒカルランド　銀河より届く愛と叡智の宅配便

時空大激震
山窩（サンカ）直系子孫が明かす【超裏歴史】
日本史も世界史も宇宙史までもがひっくり返る?!
著者：宗源
四六ソフト　本体 2,200円+税

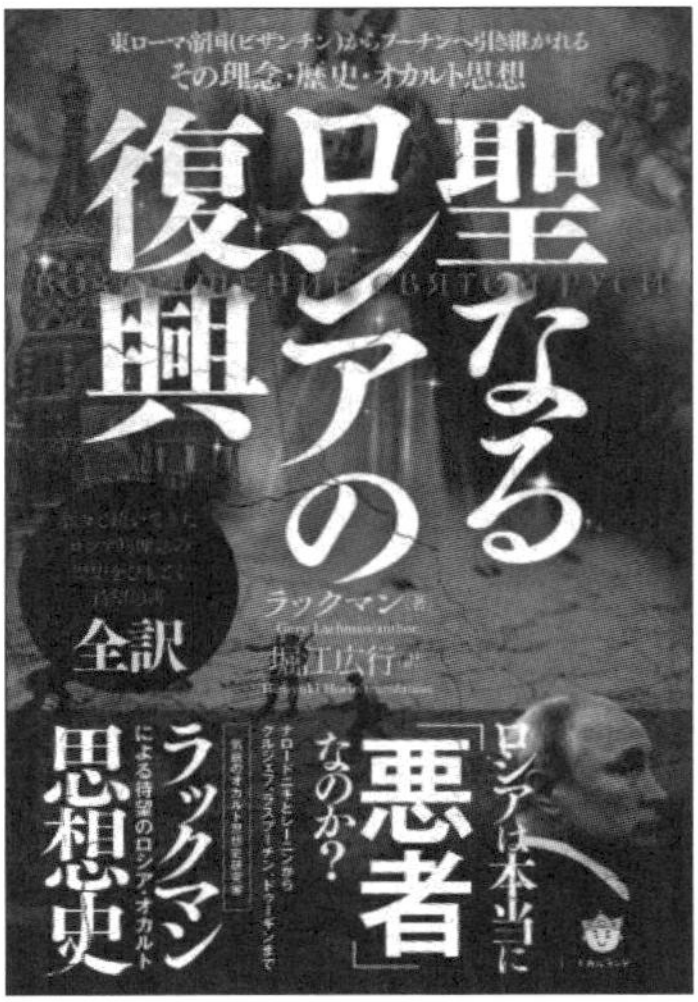

聖なるロシアの復興
東ローマ帝国（ビザンチン）からプーチンへ引き継がれるその理念・歴史・オカルト思想
著者：ラックマン
訳者：堀江広行
四六ソフト　本体 6,000円+税